正向教養
必修課

AIDER SON ENFANT À
DÉVELOPPER SA CONFIANCE EN LUI!

教出自信心

26個練習，培養樂觀、自在、獨立的孩子，
懂得與自己和他人共處

柯琳‧豪里格 醫師 著
Dr. Corinne Roehrig

凡妮沙‧侯畢杜 繪
Vanessa Robidou

張喬玟 譯

目錄

如何使用本書

本書中的不同章節分別探討了自信心的建立、維持及強化，並都附有與孩子同歡的活動與遊戲。這些活動和遊戲都有具體的做法，更能清楚看出可以應用在什麼樣的情境上。

看完每個情境再來制訂方案

　　書中描述了二十六個缺乏自信的常見情境，父母可以尋找符合孩子警訊的活動來應用，也可以調換情境的順序。書中安排的情境順序只是做為參考，可以自由變動。

　　每種活動都代表了一套增進自信心的方法，按照你們的節奏，經常跟孩子一起練習，或許會很有意思喔。

從什麼地方開始？

　　概略而言，培養自信心的幾個階段及情境如下：

- 認識自己，欣賞自己：12、14、18、24、26、28、30、41、54、56、58、64頁
- 體驗安全感：14、21、24、35、38、46、48、56、58、61頁
- 發展內在自信心：12、14、24、26、28、30、32、38、46、54、56、64、66、74頁
- 面對困難：16、21、28、32、44、46、51、56、66、68、71、74頁

慢慢來

　　父母要引導孩子，或是陪孩子一起做他們選擇的活動。閱讀完內容、選定活動之後，思考怎麼帶孩子進行。跟伴侶討論一下，不必急於一時。不妨做一些筆記，或許有幫助。

　　你可以把這些活動當成遊戲，或是親子共享的時光，也可以是你有興趣或是能樂在其中，而且和孩子雙方都能從中獲益的共同經驗，甚至是全家人都需要的活動。

一次體驗勝過千言萬語

要把建立自信心的運作原理融會貫通，孩子必須親自體驗，從中得到經驗。要達到這個目標，父母光是解釋和提出建議是不夠的。

如果你其中一個孩子有什麼不足的地方，請設法挪出時間，單獨和他面對面練習。要趁著其他孩子在別的地方時做，以免他們在門外偷聽，或許還會拿來取笑一番。

但是如果他同意，你也可以請他為其他孩子介紹這些活動，加強練習的效果。

大家一起玩！

有些活動也適合全家大小在心情放鬆的時候一起做。

最好從你覺得最簡單的章節開始。你也可以跟伴侶或朋友一起練習。

有需要的話，你可以影印書中的遊戲，或是謄寫到另外一張紙上。孩子如果年紀太小，碰到需要閱讀或書寫的遊戲，可以改為口述完成。

1

自信心：帶我們邁向
更幸福的國度

帶領孩子增進他的自信心不只是流行而已，更是提供孩子一種
生活方式，讓他們能與自己和平共處。這是一場旅行，目的是
根據個人的內在標準，找到自己的位置。尊重自己內心的渴
望，定義自己的目標，而不是回應人為的社會規範。自信心就
是感受到幸福安康，這樣才能跟別人融洽相處。擁有自信心，
其實就是更懂得賦予生命意義。

如何定義
自信心

自信心是一個人給自己的正面價值，建立在意識到自己的價值，以及自己在人群之中的重要性上面，也是評估自己的能力及弱點後的結果。能以客觀的方式來愛自己，對自己友善，感覺到自己值得被愛，也值得獲得快樂。知道自己獨一無二，能與自己及他人和諧相處。

自信心就像維他命，有助於孩子更順利成長。神仙不會在我們一出生，就把自信心放在我們的搖籃裡：它要靠我們自己去建立，用言語、眼神、手勢表現出來，並透過鼓勵、公正、知識、認可及分享，一點一滴建構起來。

我們與他人之間的緊密關係會建構我們的自信心：緊密的關係讓我們夠堅強，敢放開他們的手去探索世界。自信心是內在的防護罩，讓我們觀察他人的時候平心定氣，也幫助我們溝通，培養評判能力，自在表達自己的主張，同時尊重他人。自信心會提醒我們全都是獨一無二、友善、能幹的人，讓優點各異的每一個人得以堅定表達自己的想法。

有自信心就能在生命的道路上從容前進，迎接並投入大大小小的挑戰之中。

如何建立自信心？

幼童與親人的關係良好穩定，自信心就能扎根。周圍的人對孩子的行為、進步，或失誤表現出的反應，都會影響他的自信心。就好比我們為孩子畫了一個「戲劇人物」，他會跟這個人物同化。如果我們一再對他說「太棒了！你很靈巧喔，你很逗趣耶」，或是「喔！不，你又弄髒了，真不乖」，他看自己的方式不會一樣。孩子感受到自己的能力、天賦及差異所在，這些東西會幫助他建立自己的身分。之後他再拿來和同儕及其他大人的評語對照，確認他的自我形象，加以調整。

自信心是在親人的眼光中鍛鍊出來的，也會隨著自己在環境中追求的價值

觀而有所不同。如果我們有其他受到認可的優點，例如有一雙巧手或厲害的腳，我們可以在數學不及格的時候依然對自己保有信心。即便我們是潛在的未來詩人，也可能因為父母都是科學家，自己的數學卻不及格，而沒什麼自信心。

自信心沒有「標準」可言。我們可以因為美貌、品學兼優有自信心，可以是笑容可掬、靈巧、運動神經發達、充滿好奇心、忠誠、有創造力、慷慨、慧點……也能讓人自信滿滿。

恰到好處的自信心必須：

- 認識自己，欣賞自己
- 感受到發自內心的安全感
- 有柔軟的內在對話，即用寬容的態度跟自己說話
- 留意自己的身體姿態，要記得身心是相連的
- 能有效對抗困境

終其一生，我們的自信心都會持續變化。

自信心帶來希望的承諾

自信心高，可以讓我們用正面眼光看待生命中的變幻無常，滋養我們的順應力，還讓我們能構思計畫，心懷抱負，並且達成目標。

自信心是成功的保證，讓我們敢於嘗試，勇往直前，行事果決。成功會增強自信心。有自信心也可以讓我們退後一步去分析狀況，透過對照，讓失敗不再顯得那麼重大，幫助我們重振旗鼓，堅持到底。

自信心低落會妨礙我們下決定跟選擇。我們會變得怯弱，總是倚賴其他人的意見與評價。自信心低落也會讓人焦慮，日子比較難熬，比較黑暗。失敗會讓我們加倍沒自信，造成我們龜縮不前，失去希望。

自信心會「過多」嗎?

　　有自信心的人會尊重其他人,也感覺受到對方尊重。他們意識到自己和對方沒什麼區別,卻又不盡相同。

　　自抬身價,大聲宣布自己最棒,這叫虛榮、自命不凡。或者,為了表示自己的存在,需要大敲鑼鼓,而事實上,這副面具底下躲著一個⋯⋯缺乏自信心的人。

缺乏自信心的表現

　　想知道孩子是否缺乏自信,從一些「暗藏」的跡象來看比較容易,像是表現出覺得無能與無足輕重。然而,有時候攻擊性或怒氣也是一個線索,只是比較難被考量進去,因為它們會引發較為激烈、缺乏理解的反應。還有一些跡象,例如完美主義、不斷求取他人的關愛,也比較難被聯想到缺乏自信心。

自信心低落

· 感覺無能與無足輕重:難以用正面的字眼來形容自己,難以接受批評與讚美。內在心靈的對話充滿黑暗的負面內容。

· 退避:留在自己的角落裡,表現得太乖巧,要求完美,纏著父母不放,急於取悅他們,不斷要求認可。

自信心高昂

· 自視過高:干擾上課,有拉著其他人一起調皮搗蛋的傾向,愛頂嘴,推擠他人,嘲笑他人,脾氣差,頑固,易怒,有攻擊性,說謊,隱藏成績單,常發號施令,愛吹牛或者目中無人,愛作怪。

· 把失敗的情況一概而論:「不是我的錯,是運氣不好」、「每次都這樣,別人什麼都不懂」。

正確的原則
帶出不會瓦解的自信心

要對自己有信心，你們是很棒的父母！自古以來，難得見到比你們更盡心盡力的父母了。你們有過希望、等待，或許還曾經受苦、慌亂，試遍所有哺乳方法然後放棄，聽過一個又一個的建言然後一一遺忘，忍受過各種教育方法……

在繼續讀下去之前，先盤點你身為父母的能力。這本書也是為你而寫。你是孩子的第一個榜樣，如果孩子看見你對未來平靜以待，他也比較容易會這樣。

採用證實有效的溝通原則

每天都要最先注意順利的事情

陪我們的小寶貝裝傻賣呆，為他每一次進步喜極而泣或開心大叫，為他踏出的第一個舞步眉開眼笑，這樣子過了兩年之後，我們會忘記要繼續為長大了一點的孩子散發燦爛的光芒：對孩子來說，我們的愛、情緒、關懷和驕傲，都必須燦亮如白晝才行。孩子永遠都需要父母親的愛以及愛的表現，這些都會提高他的自信心。讓我們帶頭成立他的粉絲俱樂部吧，就算是最微小的成就都要嘉許他。

善用每個機會告訴孩子你喜歡、欣賞他哪一點，特別是那些「稀鬆平常」的，或是你認為他早就學會的能力，例如微笑、關門、自己刷牙、分享他的一天……這樣他會更有意願再度去做。

每天保留一段兩人的時光給他

花幾分鐘和孩子相處、遊戲、對話。要滿足他生命所必需的關愛，就不能沒有這段專屬於他的時光。

正面表達你的期待與意見

避免讓負面字眼出現在你的意見中。表達現已具備的，而不是欠缺的部分。跟他指出你看見的、希望的、即將要做的事。向孩子明確描述你期待他做的事，而不是一說再說他沒做到的事，並且指責。

不要這麼說……	最好這麼說……
你做得還不錯。	你做得很好。
作業寫得不錯。	這作業寫得好,因為……
不會讓人討厭。	很討人喜歡。
我們來分析你的問題。	我們來找解決的辦法。
今天過得不順利嗎?	今天有什麼好事嗎?
我受夠了,你怎麼老是不……	我希望你……(明確描述你的期待)

在氣頭上,要區別孩子及他的行為

在孩子做錯事的當下,我們很難好好對應。要牢牢記住的規則只有一條:避免將孩子與他的作為混為一談。「我不喜歡你的行為,可是我無條件愛你。」

不要說「你真差勁,沒用」,而要說「我很受不了你的行為。」

孩子暴躁的時候,
不妨想想身心的連結

缺乏自信心也會透過躁動、發怒來表達,因此,要盡早讓孩子體會合適的紓壓活動帶來的益處。

拒烏鴉嘴太太和
重成績先生於門外

別理那些不懷好意的人,像是「他都四歲了還不會寫自己的名字,你不擔心喔?」,以及那些急性子的人,譬如「一定要從現在開始讓他加入競賽運動!」,讓孩子用自己的節奏去發展。

這是一個孩子,不是什麼競賽動物。陪在他身邊,關心他,當他的親密搭檔,提醒他之前的成就,給他渴望,你的任務就完成了。剩下的交給他就好。

要牢記你的孩子
不只是學生而已

學校成為學問的殿堂之後,孩子作為學生出不出色,便成為衡量孩子的標準,父母所傳遞的知識、社交生活中必須具備的價值觀,統統不再算數。孩子不只是學生。我們可以是個自信心低落的優等生,也可以是個成績不好但有自信心的學生。哲學家蒙田說得很好:「孩子不是有待我們裝滿的水瓶,而是有待我們點燃的火苗。」

和孩子分享家族的歷史、理念、經驗還有成員的強項。情緒智商是熟知如何與人為善,甚至比智商更重要,它以彌補光靠智商衡量一個人的不足。

2

自信心：在相似與
相異之間

當然，本書探討的是認識自己、情緒管理、成功策略，以及其
他正面的自我表達，也會討論到孩子建立自信心的基石。這些
內容全都大有助益，不過你的敏銳及優秀的理解力才會是最
好的嚮導，以便選擇一條個人化路線，讓每個步驟都適用於孩
子。但或許你並不需要個人化路線，因為你大可按照書中順
序，一頁一頁走下去！

最重要的是要讓這些時光，成為愉悅與分享、歡笑與發現、家
庭遊戲與挑戰的片刻。

透過對照，降低問題的重要性。
對自己要有信心。

主動接近他人

「雖然我一直提議孩子請朋友來家裡玩，他卻告訴我他沒有朋友，沒人對他有興趣。」

懼怕他人的眼光

法國有句諺語是這樣說的：「看著自己，我就想抹淚。」可是諺語的下一句：「一經比較，我得到了安慰。」卻無法應用在缺乏自信心的孩子身上。

這樣的孩子害怕比較，因為其他孩子肯定會把他比下去。**他覺得自己一無可取，不配讓人對他有興趣。**

孩子或許會試著去接近他人，可是他那種沒什麼自信的態度、笨拙的溝通方式，可能會讓對方一頭霧水，引起誤會，猶豫著要不要接受他，而這個反應，會讓孩子立刻做出不利於己的解讀，不願再繼續嘗試。

所以最好還是留在自己的角落，免得因為碰壁而沮喪。自願性的孤獨沒有碰釘子那麼難受。

成為自己最好的朋友

孩子需要社會的支持，融入同儕團體。幼稚園時期的友誼非常多變，上了小學就會變得比較穩定，那個時候，交流、分享、能夠談心就更重要了。

父母必須多建議孩子去交朋友，也要讓交朋友變得比較容易才行。引導孩子描述他想像中好朋友的特徵，此舉通常會讓孩子看見自己的優點，就像鏡子反射一樣……

說服孩子他會是自己最好的朋友，這是另一種讓他改變對自己的描述，並讓他容易溝通的方式。如此一來，他就會有可以展現的優點，進而主動接近他人。

活動　我最要好的朋友

目標：改善人際關係的能力。

如何進行：

1　一起填寫以下的問題。

2　問孩子班上哪個同學符合這個人物。

3　一起提出邀請他來家裡玩的方法。

4　通過鏡像反射顯示孩子的優點。

他是我最要好的朋友，因為他……
（最重要的請打勾）

☐ 他喜歡動物。

☐ 他總是開開心心的。

☐ 他喜歡音樂。

☐ 他喜歡運動。

☐ 他懂得分享。

☐ 他懂得聆聽。

☐ 他有一大堆點子。

☐ 他懂得保守祕密。

☐ 我信賴他。

☐ 他很聰明。

☐ 他笑口常開。

☐ 他有很多玩具。

☐ 他會逗我笑。

☐ 他喜歡的東西都跟我一樣。

☐ 他帶我發現新事物。

☐ 他很忠誠。

☐ 他跟我很像。

☐ 他很勇敢。

採取樂觀的態度

「有時候我看他窩在角落的扶手椅，兩眼無神，或唉聲嘆氣，我覺得他好像很悲傷。我問他怎麼回事，他只是微微笑了笑，點點頭，回答我『就還好啦』。他沒辦法解釋他為什麼這樣。」

感知錯誤

孩子會陷入困境，接踵而至的難題對他來說就像一座山。他可能正在經歷一段難熬的時刻，例如搬家、換老師、目睹家庭出現問題……如果他沒辦法消化問題，沒辦法透過對照，降低問題的重要性，那他是會感覺灰心、悲傷的。

不愉快的情況、小煩惱的累積，都會讓孩子更把焦點放在不順利的事情，而不是順利的事情上面，他比較會去看事情的黑暗面，忘記其他好事。

也或許是他太常接觸悲觀的傳播媒體，因而受到影響？又或是身邊有個性格特別黑暗的親人？

避免問他太多直接的問題，幼童很難找到確切的字眼。如果你可以先跟他說一件讓你難過的事，或是和家人談起這個話題時讓他參與，那他會比較容易表達。

當然，在這場討論之後，一定要和孩子共度一段美好時光！

改變焦點

孩子通常需要很多溫情和關愛，還有專屬於他的時間、和父母共享樂趣的活動，才能重獲活力。他也需要重新調整自己的眼光，改變情緒濾鏡，才能看見好事，為他帶來幸福的感覺。**從悲觀的惡性循環，慢慢過渡到樂觀的良性循環吧！**

有個好的開始

準備幾本全家人的相簿。

目標：將孩子喜悅與幸福的泉源化為有形之物。

如何進行：

1 和孩子一同盤點他的每個幸福泉源。

2 分享全家人的美好回憶。

3 跟孩子提議製作百寶箱來存放這些回憶，每天早上他可以把手伸進箱中，抽出當天的幸運符。

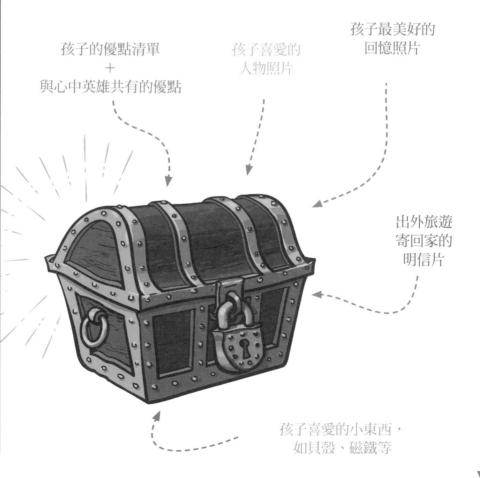

孩子的優點清單
＋
與心中英雄共有的優點

孩子喜愛的
人物照片

孩子最美好的
回憶照片

出外旅遊
寄回家的
明信片

孩子喜愛的小東西，
如貝殼、磁鐵等

發自內心的安全感

「他不敢說有沒有問題、喜不喜歡，他遲遲拿不定主意，選擇了又改變心意。只要他覺得自己好像犯錯或是做了蠢事，就會馬上道歉。」

內在的安全感從外在可以看出

我們如果看看自己周遭，可以從觀察一個人的舉止、他如何待人接物，來猜出誰有自信心。有自信心的人會參與對話，回答問題的時候會注視對方的雙眼，表達自己的喜好、欲望與心願。他會負起責任，承擔錯誤，接受批評。他冷靜而且正直。如果我們跟自己相處自在，就會找到與其他人融洽共處的最佳位置、最佳距離。

當然，如果對方是年紀幼小的孩子，我們沒辦法看得那麼清楚：這個年紀的孩子就算有自信心，一樣會跳來蹦去，大聲抱怨！

缺乏安全感也能從外在看出來

特別是當我們年紀還小時，我們別無選擇，不得不回應他人的請求、問題。等我們長大了，有辦法避開尷尬的情況，又或者學會忽視他人的感覺、需求，這樣實在很可惜。

我們可以想像上述的孩子發著抖，眼神慌亂，或是直直盯著自己的腳。他安分不下來，說話的速度也很快，別人聽不太懂。他時時提防別人的意見，還會誤解，因為無法控制的情緒讓腦筋一片模糊。他感覺到壓力，換句話說，他很肯定自己沒有能力做到他人的要求。

用身體讓頭腦冷靜

我們都很清楚身與心的連結，兩者彼此結盟。兩者之間的協調是幸福的源頭。**懂得聆聽身體傳遞的訊息，對情緒的平衡而言相當必要。**許多活動都有益於情緒的平衡，例如紓壓活動、冥想、誦經。

照顧自己的身心靈，等於給自己更多機會去承擔責任，並且活得更快樂。

戀愛中的瓢蟲

目標：透過紓壓，讓自己體驗一段平和的時光。

如何進行：你可以張開眼睛閱讀下面這則故事，或是閉上眼睛感受它。

　　夏天你坐在游泳池旁，觀察一隻瓢蟲，你決定幫她取名為佩塔……瓢蟲佩塔很匆忙的樣子……她那些小腳正走得飛快，你想像她應該是要和情人會面……

　　你看見佩塔往你這邊移動過來，你數起她背上的小黑點，每邊有三個。接著她飛起，降落在你的手背上……令人意外的是她竟然一步一跳，給你奇妙的搔癢感覺，逗得你直笑。她又飛起，你決定讓她想去哪裡就去哪裡……

　　她在你的手臂上跑呀跑，一路爬上你的脖子……然後來到你的臉上。她走過你的嘴唇，你忍不住想笑……她繼續探險直到你的鼻子底下，可是你的呼吸讓她停下腳步……你呼吸一次……第二次……第三次……你感覺不到她了……你現在感覺到佩塔在你的左眼上……你覺得癢癢的……她在你的額頭上奔跑，直到你的頭髮上，可是她有可能在裡頭迷路，於是她又爬下來，同時害你發癢，她一直走到你的胸膛，停在那裡。也許是在聽你的心跳聲？怦怦、怦怦……對她來說，這聲音肯定很響亮，就像打雷一樣……佩塔啟程，飛向你的肚子，飛向你如此敏感的肚臍眼……你的肚子裡或許會傳來咕嚕咕嚕的聲音，嚇她一跳……

　　你準備睜開眼睛，這時她落在你的一隻腳趾頭上，讓你驚跳起來。她又飛開了……然後你看見稍遠處有另一隻瓢蟲，佩塔會緊緊貼在那隻瓢蟲身上吧……那是她的情人嗎？

意識自己的優點

「他不斷和其他人比較。別人總是比較這樣，比較不那樣，我覺得相較於其他人，他好像對自己沒信心。」

如何建立孩子的身分認同？

要認識自己，並知道自己是誰，幼童可以仰賴親人的眼神、言語和反應。別人告訴他「你很帥，很愛笑，很逗趣，很靈巧」的時候，他知道別人在描述他。別人在畫他的肖像，他會逐步成為那樣的人。和其他人比較，可以讓這幅肖像更完整：「你的笑容就跟你姊姊一樣好看」，「你跟你爺爺一樣逗趣」。

因此孩子可以透過比較，知道自己的差異在哪裡，然後編織自己的身分，成為一個獨一無二的人。可是，如果每次都不當比較的話，就會造成問題。

要提高他的自信心，務必實話實說

如果孩子覺得自己處處不如人，我們就必須用令孩子安心的說法，去否定他的洩氣話：「你很……也很……，你會做……還有……」我們的反應都要以關愛、關注為出發點，不過我們可以再深入一點。和孩子一起定義什麼是優點，什麼是能力，接著引導他指認自己的優點、能力，以便有效幫助他賞識自我的形象。

我們不需要做過頭，不必過度引導他，不用老是指出他「最……，還最……」，製作下頁的優點海報時，更不要替他圈選當中三分之二的詞。你的誠懇、真實，以及對孩子的愛，都是最好的催化劑，讓他喜愛自己繽紛美麗的肖像。

這張貼起來的海報將會成為孩子的視覺記憶，提醒他具備這些才能。父母也可以為自己做一張！

這就是我！我的優點海報

跟孩子介紹這個活動的進行過程。
如果你能參與並率先表達，對孩子來說會比較簡單。

目標：幫助孩子指認自己的優點及能力。

如何進行：

1 一起定義什麼是優點，什麼是能力。這些都是我們可以在一個人身上注意到的正面特質，可以用來說明一個人：

· 性格特色，例如鄰居小姐熱心助人且笑容可掬，表哥很逗趣……

· 會做的事，例如奶奶能做好吃的蛋糕，郵差可以騎好幾公里的腳踏車……

我們的才能可以出現在許多領域中：運動、融洽的人際關係、在家裡或學校的日常行為等。

2 每人輪流用不同顏色，圈起覺得自己具備的優點和才能。

3 因為怕圈了太多詞會被當成吹牛大王，所以要再交由其他人補足。我們甚至可以在「我很／是……」還有「我會……」上面添加其他正面性質。把缺點統統驅逐！

4 父母在把說話權傳給孩子之前，先讀給孩子聽，同時鼓勵他們。

我很／是……

朝氣蓬勃	熱心助人	勇敢	逗趣	謹慎
運動神經發達	聰明	有創造力	身手矯健	親切
有禮貌	有愛心	果斷	有耐心	和善
有條有理	愛分享	公正	快樂	忠誠
隨機應變	深思熟慮	好競爭	專注	好奇
精力充沛	喜歡秩序	耐勞	好玩家	令人放心
強壯	慧黠	快速	好同學	有邏輯
愛開玩笑	愛作夢	誠實	樂觀	可愛
...				

我能……

跳舞	演奏樂器	畫圖	雕塑	觀察
烹飪	栽種花草	數數	閱讀	鼓勵別人
拼圖	寫字	做加法	分類	...

我的優點海報

我很／是……

：：：：：：：：：：：：　　：：：：：：：：：：：：　　：：：：：：：：：：：：　　：：：：：：：：：：：：

：：：：：：：：：：：：　　：：：：：：：：：：：：　　：：：：：：：：：：：：　　：：：：：：：：：：：：

：：：：：：：：：：：：　　：：：：：：：：：：：：　　：：：：：：：：：：：：　　：：：：：：：：：：：：

在這裡
貼上照片

這就是我！

我能……

：：：：：：：：：：：：　　：：：：：：：：：：：：　　：：：：：：：：：：：：　　：：：：：：：：：：：：

：：：：：：：：：：：：　　：：：：：：：：：：：：　　：：：：：：：：：：：：　　：：：：：：：：：：：：

：：：：：：：：：：：：　　：：：：：：：：：：：：　　：：：：：：：：：：：：　　：：：：：：：：：：：：

辨識情緒

「真不敢相信，老師請我到學校去是為了告訴我，我家孩子太乖巧、太有禮貌了！老師認為他很專心，可是不夠好動，參與度不夠，也不夠愛笑……的確，他在家裡的時候是還滿拘謹的，自己玩自己的。」

退避，是缺乏自信心的另一種表達方式

　　干擾上課，讓老師不得不發表意見的，比較常是調皮搗蛋的孩子。我們當然既可以是個乖小孩，身心又能充分發展，可是上述情境中的孩子，竟然因為乖順過頭，而引來老師的注意！太乖巧，太沒有存在感，好像孩子想方設法要避免製造麻煩，包括提出自己的意見，考慮自己的需求。他在忍耐，在自我監控，在阻止自己。我們形容孩子「文靜如畫」的時候，為此感到慶幸，但這真的是那麼好的事嗎？因為畫中人感受不到任何情緒，而這個孩子恰好就是活生生的例子。他循規蹈矩，為順應環境而忘記自己。他為了讓人家忘記他而忘記自己。

情緒是幸福的臺座

　　情緒與我們的理性思考能力密不可分：情緒能幫助我們正確的感知情況，做出貼切的反應，下更好的決定。情緒在我們體內所引發的種種感受就像「瞬間快照」，指示我們行動的方向。此外，法文「情緒」（émotion）一詞來自拉丁語的「驅使」（motere），而字首的 e 表示向外的動作。將自己與情緒切割開來，就是讓自己處於不穩定的狀態，有失衡的危險。對我們而言，能夠辨識情緒，就跟我們呼吸的空氣一樣重要。

　　孩子需要盡早認識他所感受到的情緒，並准許自己去體驗，才能充分發展。

共同情緒

美國心理學家保羅・艾克曼（Paul Ekman）提出情緒的共同特徵，其中最主要的情緒有喜悅、悲傷、恐懼、憤怒與厭惡。共同情緒能幫助我們與地球上的其他人類溝通，也讓我們快速適應面臨的情況。

情緒汽球

目標：引導孩子辨識他的情緒，並且體驗它們。

如何進行：

1　吹四個不同顏色的汽球，在每顆汽球上面各寫下一種共同情緒：喜悅、悲傷、恐懼、憤怒。

2　閱讀下面的短劇，接著問孩子每齣短劇所描述的是哪一種情緒。

　・舉一個你感受到這種情緒的私人例子。

・問孩子最近什麼時候感受到這種情緒？

・這種情緒在他體內是如何表現的，譬如熱／冷、心跳加速、呼吸急促、顫抖、興奮？

・找其他例子。

短劇

小麗收到期待已久的手錶當做生日禮物！可是幾天之後，小麗騎腳踏車去森林的時候，弄丟了手錶，再也找不回來了。

小麗很……

週末到了，爸爸媽媽同意讓裘裘去他的死黨家過夜。

裘裘很……

新來的鄰居養了一隻大狗，每次有人經過時，就會吠得很大聲。小艾不喜歡每次上學都要經過他們家。

小艾很……

小歐整個週末都在努力準備他的報告，因為老師保證過會叫他回答問題。結果星期一早上，老師連看都沒看他一眼，只管問阿強問題！

小歐很……

悲傷

憤怒

恐懼

喜悅

3　再三和孩子強調，情緒對身體來說，就像我們呼吸的空氣一樣重要，我們可以分享我們的感覺，也可以談論感覺。

4 最後以下面這個「逗我笑」遊戲結束。

·去聯想能幫助你感覺快樂，並保持快樂及好心情的事物……

·在微笑圖案旁邊盡情添加項目，正經或古怪的都可以！

·在微笑圖案旁邊添加一些東西，讓這個笑臉看起來像你。

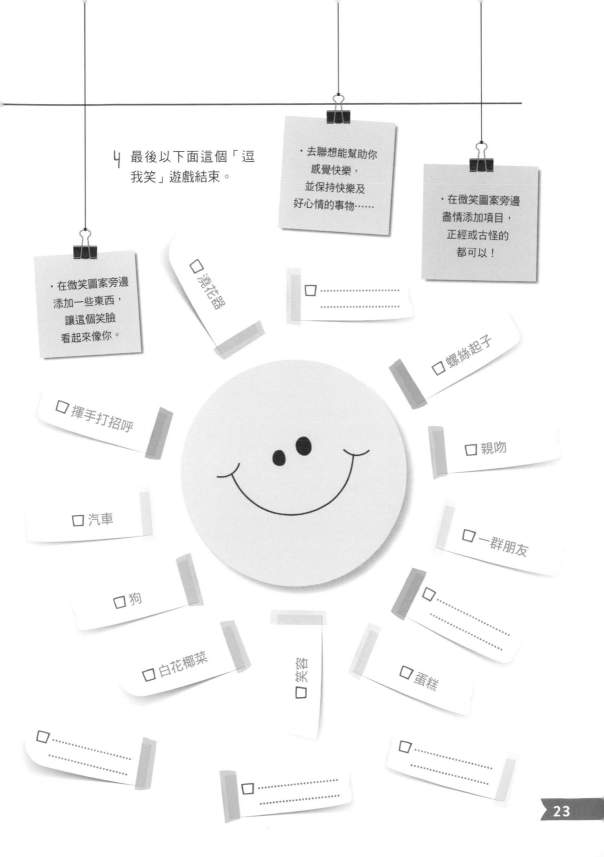

□ 澆花器

□ 螺絲起子

□ 揮手打招呼

□ 親吻

□ 汽車

□ 一群朋友

□ 狗

□ 白花椰菜

□ 笑容

□ 蛋糕

能夠正面談論自己

「每次請她告訴我她在學校做了什麼，她就只知道說『我好差勁』這句話。」

有自信與吹牛皮之間的差異

你認識很多會正面談論自己，很滿意自己的個性及行為的成年人嗎？我們的文化迫使我們謙虛，而且一項研究告訴我們，百分之六十七受訪的法國人表示，寧可閉口不談好消息，免得遭人嫉妒……在我們的社會裡，談論疑難和弱點，比較為人接受。

假如問身邊的人「你的優點是什麼？」，對方絕對默不作聲，或者難為情的說「沒有人這樣問的啦」，再不然就是「我是可以說說我的缺點，可是優點嘛……」，可見我們全都受到一個念頭影響，無一例外，這個念頭就是「明白自己的潛力跟自負差不多」。

負面看待自己的壞處

但是，孩子碰到熱切的聽眾，卻一直無法正面談論自己，連最小的成就也無法歸功於己，這可能是個警訊，表示孩子在自我形象上有個弱點。有可能負面的評價不斷在他腦中兜轉，他卻沒有察覺到。這個一點一滴蠶食孩子自信心的過程，我們必須中止它，並加以扭轉。以比喻性的趣味形式，用言語表達出孩子的強項，還有生活環境帶給他的支持，這樣可以幫助孩子對自己有不同的感受，倚賴自己握有的才能，還能把他的內在對話變得更友善。

 內在對話的力量

如果我們不斷和自己進行的「內在對話」，都是鼓舞人心的內容，像是「我辦得到」、「我能做到」，那它就是一個保護因素；如果充滿負面內容，例如「我好差勁」、「我不會」，那它就是一個阻礙因素。相信自己，能提高成功的機會。

我的盾牌

目標：

孩子意識到自己不同的力量，這些力量會提供他一個既漂亮又堅固的防禦武器，就像中世紀騎士的盾牌那樣。

如何進行：

1 使用下面的徽章，或是和孩子一起製作一面實物大小的盾牌。

2 按照你們喜歡的順序，一起填滿所有的空格。

「我的力量」：就是我本人以及我會做的事。請從第 19 頁的活動找靈感。

「我的軍隊」：就是家人和朋友，即我可以依賴的對象。

鼓勵孩子帶著他的盾牌在家裡走動，時常看看他的盾牌。

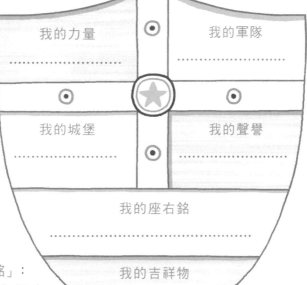

我的力量

我的軍隊

我的城堡

我的聲譽

我的座右銘

我的吉祥物

「我的座右銘」：就是我最牢記在心，對我來說很重要的話，如：「我為人人，人人為我！」、「慷慨第一！」、「撐著點！」……

「我的吉祥物」：可以是真實存在或想像出來的動物，他們當然擁有神奇才能，會為孩子的盾牌增色。

「我的城堡」：就是我感到最安全的地方。

「我的聲譽」或「我的名聲」：就是其他人所喜歡的我，以及他們口中的我，如：「跟獅子一樣強壯」、「像閃電一樣快速」、「跟石頭一樣結實」……

熟悉成功的策略

「我不知道她是怎麼了！好一陣子以來，她甚至不肯試著做我或是老師要求她做的事，她推說她已經會了。如果我執意要她做，她會雙手交抱，抵死不從。要是我堅持下去，她就哭著跑掉。」

害怕失敗讓人軟弱無能

我們投入，嘗試，失敗，重新開始，然後再度受挫，於是**沮喪和再度犯錯的恐懼**，就悄悄鑽進我們腦中。或許孩子參與了一場不在她能力範圍內的活動？她是否嘗到一次失敗滋味，可是不知道該如何應對？圍繞著這次失敗的批評是不是太強烈、太笨嘴拙舌了？又或是她自己錯誤解讀了呢？她寧願不做學校規定的事或某些家事，免得又犯錯。**她的內在對話或許充滿了負面內容，形成阻力**，因此要幫助她重拾動手進行並且成事的能力。

我們全都是日常生活中的英雄

固執己見，或是跟孩子硬碰硬，都是無效的行為，而且可能讓情況更複雜，使她停滯不前。慈愛的對她說「我相信妳，妳已經會做……了，而且妳都有能力學會……」雖然有必要，可是這樣做不夠。卡在這個階段的孩子，必須自己重新習慣她已經知道的解決方法。**我們必須讓她體驗或是重新體會成功的感覺**，終止這個惡性循環。我們要讓孩子想起那些屬於自己的微小成就，一點一滴粉碎孩子「我永遠也辦不到」的信念，將它抹滅。孩子可以輕易將那些微小的成就歸功於自己，如此一來，孩子可以跟自己說：「我辦到了！我成功了！」

能夠舉出至少一個反例，這就已經是在抵制孩子內心那個深信自己屢試屢敗的念頭了。經由接二連三的體驗，我們可以幫孩子辨認出越來越多她已經使用過的致勝策略。

> 每個人都是他自己生命中的英雄與主角，並且憑著自己性格的力量、武器、價值、潛能過日子。而且不管幾歲，都可以替自己驕傲。

一日英雄

目標： 讓孩子（重新）體會成功。

如何進行：找個舒服的位置坐下來，準備玩遊戲。

1 一開始，先提及你自己的一、兩個「英雄行為」，一個讓人特別快樂，而且為自己的成就感到驕傲的狀況，如：因為我們達到為自己設下的目標，因為我們幫助某個人，因為我們幫鄰居到樹上去找貓……通常我們的家人、朋友、同事會稱讚我們。

2 接下來與孩子一起思考這個問題：「你什麼時候為自己驕傲？」給他一點時間，他會找到的。你可以給他一些線索，像是：和爺爺一起的時候、運動的時候、在學校的時候、在活動中心的時候、和弟弟一起的時候……

3 一旦孩子找到他的英雄行為，要稱讚他實現目標了。接著請他描述發生地點是哪裡，他看到什麼，什麼東西促使他反應，那一刻他在想什麼，他本來想怎麼做，他怎麼進行，風險有哪些，這件事怎麼結束，還有他之後有什麼感覺。

4 在描述那個行動的每一步中，添加孩子展現的優點及能力，例如觀察力、好奇心、專注、冷靜、快速、慷慨、互助、勇氣、靈活、想像力……

畫一張證書，裱框，而且當然要張貼起來，才會提升證書在眾人眼中的價值！

5 請他用你為他揭示的優點，重述一遍這個故事。要熱切的稱讚他，告訴他你為他感到驕傲。

6 結束的時候，你可以頒發證書給他，證書上面寫有他最欣賞的自己的優點，例如勇氣證書、毅力證書、冷靜證書……

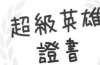

超級英雄
證書

頒發給：⋯⋯⋯⋯⋯
理由：⋯⋯⋯⋯⋯

召集身邊的資源

「我發現他為了隱瞞自己做的錯事，說了好幾次謊，像這次他對我隱藏他的成績單。不能再繼續這樣下去了！」

面對不可接受的行為時要保持距離

身為父母，面對我們憎惡的行為時，有時候會做出衝動的決定。上述情形就是一例，而且很不容易應對，因為這種情形會立刻讓我們怒火中燒，想要懲罰孩子。沒錯，坦誠是我們希望傳承給孩子的基本美德之一，說謊會破壞彼此的信賴！可是呢，請你調整自己的觀點，站在孩子的立場：你是他最重要的人，他是透過你的眼光看自己，欣賞自己。他知道對你而言什麼最重要，他依賴你。你認為說謊是個大問題，可是對他來說，這或許是他唯一找到的辦法，來保住你的愛？

如何回應？

要清楚、堅定但慈愛：在你的觀念裡，說謊是不可接受的，可是你愛他，就算他成績不好也一樣愛他，而且會竭盡所能來幫助他。你對孩子的愛是沒有條件的，但不包括他的行為。父母的角色，就是要協助他明白為什麼自己會這麼做，尤其要陪伴他**尋找能幫助他用不同方式面對困難的資源**。

活動 ▸ 一股祕密力量

目標：讓孩子在面對困難的時候，更容易召集他的資源。

如何進行：

這項活動的大原則，是讓孩子在腦海中聯想身邊所有資源，讓他更容易記牢，而且只要握握拳就能想起來。

1 藉著以下問題，跟孩子一起指認能讓他感覺強大、對自己有信心的態度和行為。仔細觀察孩子的身體姿態、他的內在對話、他所知道的自己、他的感情支柱。

2 在每一個步驟裡，請他在便利貼或紙上記下幾個能概述資源的字。接下來，一起加上適用於各種狀況、代表幹勁的文字或短語，像「衝！」、「願力量與你同在！」等等。

3 接著請他在便利貼上寫下這些字，貼在自己手中，一讀再讀，直到熟記於心，並感受到短句中的力量。然後閉上眼睛，握緊拳頭數次，把獲得的自信感受烙印在心中。重複這個動作，可以創造出動作跟感受之間的即時連結。這個連結一生效，就會在雙方面產生作用，也就是說我們只要握緊拳頭，就可以找到這個感受，並重新啟動資源。

愛你、支持你的人
「你要如何才能感覺到自己最強？」

如果你想著……
如果你記得你可以
依靠……

優點、能力：你所知道的自己
「你要如何才能感覺到自己最強？」

如果你記得你……
如：勇敢、敏捷、慷慨……

內在對話
「你要如何才能感覺到
自己最強？」

如果你告訴自己……
如：有信心一點，上吧，
大膽一點，你辦得到的，
你值得的……

身體姿態
「你要如何才能感覺到自己最強？」

如果你……
如：抬頭挺胸，直視前方

你辦得到！
勇往直前！
某某某愛你！
你很勇敢！衝啊！

找回孩子內在的光明

「我很煩惱，因為我家孩子好幾個禮拜不去活動中心了。他告訴我那裡的遊戲好爛，玩具都壞掉了，輔導老師都對他很壞。沒半件好事！他只會說不對勁的地方。」

排斥外在世界

這是缺乏自信心的孩子的經典反應。他戴著變形的眼鏡，濾鏡導致他看輕自己，有時還想像自己一無是處。他把灰色濾鏡套到外在世界上，這樣他就能看見他偏好的黑暗面及半空的瓶子，多少讓自己安心一些。

那些消極的話，讓孩子可以把自己的無能感，併入一個一無可取的世界裡，所以他不想參與也就理所當然了。

對孩子來說，這一切是痛苦的，我們必須幫助他找回光明及正面能量。

換個濾鏡

孩子要找回內在的光明，才能以別種方式照亮周遭的世界，改變他眼光的走向。再一次，如果家人的愛是自信心必要的反射鏡，那麼這條路上最主要的制勝手段，就是孩子的個人經驗，還有積極嘗試用別種方式描述自我。

活動 ▶ ## 問答遊戲

目標：讓孩子可以用另一種方式談論自己。

如何進行：

當我們戴上動物、英雄、植物面具的時候，比較容易談論自己。我們選擇的面具很少是出於偶然，因為我們的選擇，通常都跟我們的個性有共同點。在這個經典的問答遊戲中，我們需要回答「如果我是一隻動物、一個英雄、一種植物……我會是……」這個問題，而且每次都要加上「因為」，強調動物、英雄、植物與符合該描述的孩子之間的相似性。

1 直接寫在下方的卡片上，或者，如果你們人數較多，可以影印這些卡片。

2 問「如果我是……我會……」這個問題，開始遊戲。

3 等所有人寫完，再說出你們的選擇。

4 接下來每個人尋找自己與自己的選擇「相像之處」。可以請其他參加者幫忙。

如果
我是一個英雄，
我會是……

．．．．．．．．．．．．．．．．．．．．．．．．

．．．．．．．．．．．．．．．．．．．．．．．．

（真實或想像的人物皆可）

如果
我是一隻動物，
我會是……

．．．．．．．．．．．．．．．．．．．．．．．．

．．．．．．．．．．．．．．．．．．．．．．．．

回答這些問題，
是指認孩子
某些優點的
另一種方式。

如果
我是一種植物，
我會是……

．．．．．．．．．．．．．．．．．．．．．．．．

．．．．．．．．．．．．．．．．．．．．．．．．

（水果、花卉、樹木等
皆可）

平靜的心才有平靜的態度

「我女兒真的是一顆勁量電池！跳個不停，沒辦法讓她安分一會兒，如果我吼她，她會跟我說：『你都不愛我！』」

身體是心靈的反射

我們今天知道身體與心靈有多麼密不可分，兩者可以表達同一件事。無論是孩子還是成人，**感覺與身體反應，是情緒表達的第一道途徑**。當我們年紀還小，要將自己的情緒訴諸語言，解釋我為什麼興奮、為什麼肚子痛是很困難的。對孩子來說，一切都還很混沌，所以他們才會有那麼矛盾的反應——「你都不愛我」，可是父母只是請她不要再跳而已。

孩子天生就活力充沛……可是身體無法控制的躁動，可能表示他心浮氣躁、焦慮或是憂心。

放鬆身體，才能撫慰心靈

讓身體平靜下來，可以減輕焦慮，減少壓力，並且找回心靈的寧靜。要做到這一點，沒有比一起做瑜伽更好的方法。反覆實施能有效**改善睡眠，增進自信心和專注力**。我們可以從孩子三歲的時候開始，一起模仿動物、大自然的元素，但是無須勉強。

 活動 小小瑜伽信徒

目標：找回身體的界限，撫慰自己，放下煩惱。

如何進行：

1 穿著寬鬆的衣物，找個夠寬敞的空間，不會干擾到彼此移動。

2 開始往四面八方搖來晃去二至三分鐘，同時擺擺頭，動動四肢……一個不賴的開始！

3 全程十至十五分鐘，每次嘗試幾個瑜珈姿勢，大家很快就會找到自己最喜歡的。

4 保持每個姿勢四至五次深呼吸的時間，一次深呼吸包含吸氣、吐氣，同時強調吐氣。

5 以讓人非常放鬆的嬰兒式做為結束。

樹式：採站姿，雙手合掌，高舉過頭，伸展雙臂。接著將右腳置於左膝蓋內側。身體保持平衡，注視遠方的一個定點會比較容易。幾次深呼吸之後再換腿。

大樹成長：採站姿，高舉雙臂，張開手指，踮起腳尖盡量往上伸展。

每個姿勢要保持數次深呼吸的時間。

下犬式：先四肢著地，雙掌貼於地面，與雙肩垂直，膝蓋則與骨盆垂直。雙臂往前伸，頭置於雙臂之間。然後雙腿伸直，往上抬起屁股。

眼鏡蛇式：趴下來，腹部貼地，雙腿併攏，腳尖向後伸展。額頭貼在地面，雙臂在胸部處彎折，手掌扶地。吸氣的同時抬起頭，舉起上半身，讓背部凹陷，雙臂伸直。看起來就像一條立起的蛇。

蛙式：蹲下來，腳底牢牢踩在地面上，雙膝外張。雙手平貼在地，置於雙腿間。拱起背。靜靜的呼吸。結束時環抱雙腿，好像一顆球。

親子一起做瑜伽，
一週數次，
每次幾分鐘。

吹熄想像中的蠟燭：想像面前有個生日蛋糕，上面點了十幾枝蠟燭。吸一口氣，再誇張的吐息，重複幾次，以確定每根蠟燭都吹熄了。

嬰兒式：膝蓋著地，蜷縮成球，頭貼在地板上，手臂沿著身體平放，張開的掌心朝上。想維持這個體式多久都可以。

家人與我

「兄妹兩人不停為了芝麻小事吵架，老是跟對方唱反調，他們做的蠢事一籮筐，而且當然都把錯誤推到對方身上！我實在受不了了。」

找到自己在家裡的位置

有比兄弟姐妹打鬧更平常、更令人洩氣的事嗎？我們原本想像他們會親密無間，推心置腹，誰知他們竟是對手、敵人！嫉妒、競爭的狀況，在童年裡都是家常便飯，不過兄弟姊妹長大成人後，通常是彼此最要好的朋友。孩子必須在父母心中找到自己的位置，要做到這一點，就必須製造聲音，讓自己受到注意！孩子認為就算得到的注意力是責罵，也好過沒人注意。**所愛之人的關注，是生命的燃料。**如果有另外一個人也打著同樣的算盤，那就要當心他了！

面對這些無傷大雅的爭吵，父母的耐心經常遭受嚴峻的考驗：他們只想把這群交戰者趕回房間去。可是這個態度，只會加強孩子「爸爸媽媽不公平，比較疼別人」的想法。我們也必須忘記在孩子之間作比較，偏袒這個或那個，而且要忘得乾乾淨淨！

在不同時段分別專注在每個孩子身上

要緩和衝突，最好是分別和孩子共度一段時光，每天幾分鐘或至少每週一次。何不週二和老大，週四和老么面對面吃個午餐呢？你們也可以一起做活動，像是製作家譜，每個人都能在這項活動裡找到自己的位置，和別人沒什麼區別，卻又不盡相同。製作家譜有很多好處，它把孩子放進家族世系裡，讓他進入家族的歷史之中。

須知

家譜標示出世代的不同，為兄弟姊妹指定一個對等的位置。我們可以敘述、描繪家族成員，讓孩子發現或是更明白自己像誰。這份在過去與未來之間的記載，既封閉又開放，能安撫人心，幫助我們平息孩子對定位的焦慮。

家譜

這是一個絕佳的家庭活動，因為家譜的
內容會隨著時間變得更加豐富。

目標：孩子不必再擔心他在家中的地位，
讓他在相似與相異之間看見自己的位置。

> 我們可以根據家庭的組成，
> 加上一些空格：叔伯舅、
> 姑姨嬸、繼子女、繼父母……
> 同世代的成員
> 都要位在同一個高度。

我的爺爺奶奶

我的

我的爸爸

我

如何進行：

1 在預留給孩子、父母親、祖父母的
空格中，填上：
　・姓名、出生日期
　・出生地
　・職業、興趣⋯⋯

2 詳述每個人的性格，指出他們的才能，列出每個人的價值，表達家族的人生觀。寫下令人印象深刻的事情，以及兩、三項優點。剔除缺點，除非很好笑！

3 我們可以貼上照片，讓家譜更漂亮，還可以編寫家族的故事，開頭就寫「很久很久以前⋯⋯」

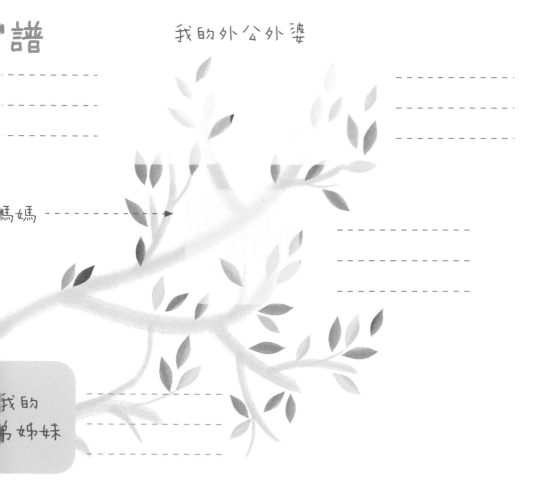

譜

我的外公外婆

媽媽

我的
兄弟姊妹

培養樂觀

「放學回家，他總是垂頭喪氣的，他跟我說他很倒楣，每次老師問他問題，他就結巴、搞錯答案，可是他明明就有好好溫習。他覺得這種事情好像常常發生在他身上。」

相信自己力量有限

缺乏自信心的表現之一，就是把發生在我們身上的每件事，都歸咎給其他人或周遭的事物。彷彿我們是外在勢力的玩物，主掌不了自己的未來和人生。長期下來，這樣的假設會阻礙我們放膽嘗試，勇往直前，甚至懷抱志向。既然我們什麼也不能掌控，何苦來哉？

孩子的說詞傳達出兩個信念：

1 是運氣不好的關係。運氣有一點像魔法，說來就來，說去就去，沒人知道怎麼做，也不能召喚它，是它自己作主。

2 老是這個樣子。總是、從來沒有、每一次，這叫做「一概而論」。就算這個現象只出現一、兩次，他還是把所有狀況混為一談，也因為這個偏見，他把這個現象看得很嚴重。

調整心態的必要

孩子在表達他遇到困難的那一刻，需要有人專注傾聽。我們坐下來，花一點時間問他問題，像是「跟我說說……」、「是哪一課？」……讓他知道我們確實感覺到他的情緒：「看到你這麼難過，我也難過……」再陪他一起溫習功課。

我們一定要保持一點距離，幫助孩子察覺他每天都有好時光，只是他沒有注意到而已。帶他辨別這些時光，記下它們，讓孩子再次用鮮艷的色彩描繪日常，將生活變成彩色的，提振心情，生出像「生命充滿了美好事物」這類有支援力量的信念。

 正向心理學教我們的事

正向心理學告訴我們，根據科學研究顯示，幸福的感覺是能訓練出來的，我們不必非得生活在「彩虹熊熊」*的世界裡。只要我們的眼光有意識的、自願的看向快樂時光，以及賦予生命意義的標示，就能培育出幸福感來。

---

* 彩虹熊熊（Care Bears）是一群住在幸福歡樂國度的熊，原本是美國一家賀卡公司的卡片圖案，後來有了卡通、玩偶、圖書等版本。這些熊的顏色都不一樣，肚子上的各種標誌代表了牠們的個性。

我的航海日誌

目標：讓孩子意識到愉悅、成功以及日常生活中的幸福時刻。

如何進行：

1 你們可以填寫第 40 頁的文件，或是和孩子一起製作。

2 辨別歡樂時光，以及日常生活中的幸福時刻：
- 收到與付出關注及關愛的表示：擁抱、親吻、幫助、鼓勵、讚美……
- 與別人共享或是獨享的好時光：捧腹大笑、泡澡、吃點心、冰淇淋、打電話、下課時間、好成績、打球、唱歌、睡午覺、散步、畫圖、看電影、做夢、紓壓活動、做運動、看書、和狗玩……

3 記下每天經歷過的事，只寫愉快的事！

4 在一週結束時，為每一天貼上某個數量的星星，以便決定那一週哪一天最棒。

5 孩子每天早上可以回想前一天的美好時光。

星期一	星期二	星期三	星期四	星期五	星期六	星期日
· 付出、收到三次親吻 · 跟奶奶講電話 · 地理拿到十二分*	· 幫忙排餐具被稱讚 · 看貓咪的影片	· 天氣很晴朗 · 跟小麗一起玩，大笑了一場 · 抱貓咪 · 吃冰淇淋 · 作業寫完了 · 踢足球 · 跟媽媽抱抱				
一天的總結						

＊法國的滿分一般是二十分。

星期日

星期六

星期五

星期四

星期三

星期二

星期一

一天的總結

克服羞怯

「我們去朋友家或是遇到鄰居的時候，人家問她的問題，她半個也答不出來。她躲在我背後，變成啞巴了。」

完美或不完美

當眾說話是成人最常見的恐懼之一。我們害怕說話結巴、臉紅，特別是沒有關於自己的趣事可以說，或者更糟的，洩露出自己真如自己所想的那樣空洞、蹩腳。我們的腦筋突然癱瘓了，像一面白色螢幕，上面飄過幾朵雲。我們渾身不自在，覺得自己好沒用。假如我們開始說話，然後引來對方的笑聲或同情，我們就覺得自己平凡透頂，好想鑽進地洞裡躲起來，像小孩會躲在爸爸媽媽背後一樣。

上述情況確實可以說是羞怯，可是置之不理，可能會讓孩子一碰上陌生的眼光，就會渾身不舒服。

最好是認識自己，以便消除自卑感

我們該做的第一件事，就是避免讓孩子當眾陷入窘境。首先，我們可以經常請孩子在和善的親人之間發言，問他幾個問題，延長對話：「你是怎麼做的？

誰讓你有這個想法的？你覺得呢？」重視孩子的回答跟行為，陪他做幾次放鬆練習。我們也可以透過各種各樣針對他、他的生活、想法、他身邊的人的簡單問題，帶他去意識到那些成就他的獨一無二、組成他的身分的特點。如此累積下來的眾多特點，會構成他個人的「辭典」，他想要抽取談論自己的素材也會比較容易。

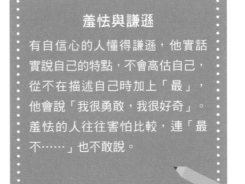

羞怯與謙遜

有自信心的人懂得謙遜，他實話實說自己的特點，不會高估自己，從不在描述自己時加上「最」，他會說「我很勇敢，我很好奇」。羞怯的人往往害怕比較，連「最不……」也不敢說。

我的辭典

最好多人參與，像玩機智問答那樣。

目標：更加認識自己，以便表達自己的主張。

如何進行：把這個活動當成快問快答來玩，目的是大家一起同樂。

1 唸出第 43 頁所列題目之一，不一定要按照順序，可以是父母唸，也可以是參賽者唸，每個人輪流。

2 參賽者回答前不要花太多時間思考……如果無法立刻回答問題，可以說「跳過」。

3 進行下一道題。

4 問題都問完了以後，可以重新回答剛剛跳過的問題。
然後我們可以問孩子：
•一或兩件他在自己身上發現的事。
•三個讓他獨一無二的理由。

建議孩子做一個索引，他可以在上面寫下他對不同問題的答案，以便製作他個人的「辭典」。

A
大膽

C
好奇心

善良
B

問答大賽

- 你的名字是誰取的？為什麼？

- 你最喜歡做什麼運動？

- 舉出鏡子覺得你漂亮的三個地方。

- 你做得最好的事是什麼？

- 敘述一件很困難但你辦到了的事。

- 你最喜歡吃什麼菜？

- 你的父母親各自有哪個優點是你最喜歡的？

- 你最喜歡家裡的哪個地方？

- 你度過最棒的假期是哪一次？

- 你希望擁有什麼優點？
  它為什麼重要？
  為了培養它，你會願意做什麼？

- 生活中有什麼讓你感興趣？

- 什麼可以逗你笑？

- 說出那些愛你的人。

- 你的名字有什麼意思嗎？

- 你最喜歡的樂器是什麼？

- 你放假的時候喜歡做什麼？

- 說一件讓你很快樂的事。

- 你最喜歡你生活中的什麼？

- 你最喜歡你身上哪一個優點？

- 你最喜歡的電影是哪一部？為什麼？

- 你最要好的朋友身上哪個優點是你最喜歡的？

- 你以後想做什麼？

- 你收過最好聽的讚美是什麼？

- 如果你有根魔杖，你會做什麼來讓大家快樂？

- 如果你成為演員，你會演什麼角色？

- 如果你有個阿拉丁那樣的神燈，你會許哪三個願望？

- 接下來幾個月裡，你打算做哪些好事？

- 說出那些你愛的人。

尊重他人才會受人尊重

「他常常批評自己的同學。很少人得到他的好感，也許一、兩位。這是為了讓自己安心嗎？」

搞錯方向：詆毀他人，好抬高自己身價

　　在社會上，批評是常見的事。只要聽聽群眾的對話、媒體消息，就能這麼肯定。

　　我們比較常聽到壞話，不是讚美。孩子因為看見自己置身的環境是大家攻訐他人，並且樂此不疲，所以受到影響。說某個人的壞話，把對方的弱點、缺陷攤開來講，是透過比較來抬高自己的價值，把別人的注意力吸引到自己身上。讓別人嘲笑對手，聯合眾人來「對付」他，把群體的默契建立在負面價值上。其實這也隱約反映出自己的弱點，因為不夠堅強，無法泰然接受有才華的人。有自信心的人，會接受自己和別人沒什麼差別，卻又不盡相同。這種愛批評別人的態度，可以被視為**內心苦澀的一種防衛方式**。

攻擊性是有感染力的

　　攻擊他人是對自己生氣的反映。可是溝通是一個循環的過程，是有「報應」的。無論心情好壞，怒氣和喜悅都像病毒，在人類之間傳來傳去。貶低他人，不懷好意，等於傳播一種非語言的攻擊性，而且最後會回傳給發出它的人。繼續這樣下去，只會停留在不幸的漩渦裡。有句諺語說得好：「種上蒺藜，就要扎腳。」文字的力量，能夠傷害或拯救聽者及說者，實在讓人驚異。和孩子一起體驗，是陪伴他用另一種角度去看絕大部分的人，包括他自己。尊重別人，就是尊重自己，然後激發身心愉悅的感覺。

練習感激

每天，對為你帶來歡樂的人說一句感謝的話，哪怕只是很短暫的歡樂。感謝麵包師傅，把牛角麵包烤得這麼香……感謝那個給我糖果的小女孩……

甜言或酸語

目標：感覺溝通的力量，學會掌控它。

如何進行：

 提一提你最近一次注意到溝通力量的經驗。邀請孩子分享一段跟檸檬一樣酸的酸語經驗，或是和蜂蜜一樣甜的甜言經驗，以及分別得到什麼效果。

2 扮演下面的兩個角色。

3 談一談你自己及孩子的經驗，表達你們共同的感受。

• 自從喬喬跟小芬講過話以後，小芬就很生氣。

喬喬可能跟她說了什麼「酸語」呢？

⋯⋯⋯⋯⋯⋯⋯⋯⋯⋯⋯⋯⋯⋯⋯⋯

她會怎麼反應？

⋯⋯⋯⋯⋯⋯⋯⋯⋯⋯⋯⋯⋯⋯⋯⋯

喬喬會有什麼感覺？

⋯⋯⋯⋯⋯⋯⋯⋯⋯⋯⋯⋯⋯⋯⋯⋯

• 自從阿丁跟小芬講過話以後，小芬就很高興。

阿丁可能跟她說了什麼「甜言」呢？

⋯⋯⋯⋯⋯⋯⋯⋯⋯⋯⋯⋯⋯⋯⋯⋯

她會怎麼反應？

⋯⋯⋯⋯⋯⋯⋯⋯⋯⋯⋯⋯⋯⋯⋯⋯

阿丁會有什麼感覺？

⋯⋯⋯⋯⋯⋯⋯⋯⋯⋯⋯⋯⋯⋯⋯⋯

4 提議孩子做真正的練習，測量每個人對自己和別人的快樂程度的影響力大小。你們也可以測驗憤怒，惹某個親人生氣看看，最好是某個足夠愛你，會原諒你把他當成實驗品的人。

你什麼時候經歷過同樣的憤怒及喜悅的場景？

⋯⋯⋯⋯⋯⋯⋯⋯⋯⋯⋯⋯⋯⋯⋯⋯⋯⋯⋯⋯⋯⋯⋯⋯⋯⋯⋯⋯⋯⋯⋯⋯

你有意識到你說的話的力量嗎？你說完話之後的感覺如何？

⋯⋯⋯⋯⋯⋯⋯⋯⋯⋯⋯⋯⋯⋯⋯⋯⋯⋯⋯⋯⋯⋯⋯⋯⋯⋯⋯⋯⋯⋯⋯⋯

開發支持網絡

「我覺得她太常黏著她的安撫娃娃了；我甚至發現她在對它說：『反正沒有人愛我。』」

安撫娃娃，一個需要被尊重的物品

黏著安撫娃娃，向它傾訴痛苦，是安撫缺乏安全感的孩子的解決辦法。**安撫娃娃滿足孩子的五感**，它永遠都在，善於傾聽，形象友善，觸感柔軟，散發出的熟悉味道充滿善意，令人安心。它不會大吼大叫，永遠不會生氣。對孩子來說，安撫娃娃代表窩在父母懷裡，受到親密呵護的溫暖時刻，那時候小寶寶一直都是全家人的注意力中心。

安撫娃娃是特別的人證，見證了溫柔的時光，它是那些時光的提醒，也是記憶。大部分孩子在人生的頭幾年，都有安撫娃娃相伴，它是用來擁抱及保守祕密的物品，這是很正常的。

如果孩子一整天黏著安撫娃娃，向它傳達令人難過的心事，那麼我們必須幫助他用別的方法感到安全，但不必非要拿走安撫娃娃，這得是孩子自己的意思才行。

一定要支持孩子對安全感的需求

要打破上述情境的孩子所傳達出的孤立感，重要的是**每天要撥出更多時間給小孩**。幾分鐘就夠了，條件是這段時間要完全奉獻給他，當孩子的親密搭檔，一起分享，眼神交流。為孩子開發所有可以成為他的支柱的網絡，也很有幫助，例如一群親人、盟友，願意隨時陪在孩子身邊，擁抱他，和他共度歡笑時光，做運動，或是回答功課或生活這種比較嚴肅的問題。這種具體的緊密關係，會幫助孩子感覺自己比較強大，他也會明白遇到問題或困難時，他可以仰賴越來越擴大的親友圈。

我的部落

告訴孩子你也需要別人的支持。

目標:創造讓人放心的氣氛。

如何進行:

1 和孩子一起判別不同的需求,像是說內心話的需求、擁抱的需求、大笑的需求、課後輔導的需求、彌補過錯的需求、去運動的需求、思考的需求、瞭解的需求……

2 把孩子的照片貼在中間,接著在周圍每個空格裡,指出一個支持者的名字及此人所滿足的需求。我們可以加上他的電話號碼。我們也可以只寫滿其中幾個空格。

3 支持者可以是家人或親友:祖父母、朋友、哥哥、護理師、鄰居、老師、保姆……

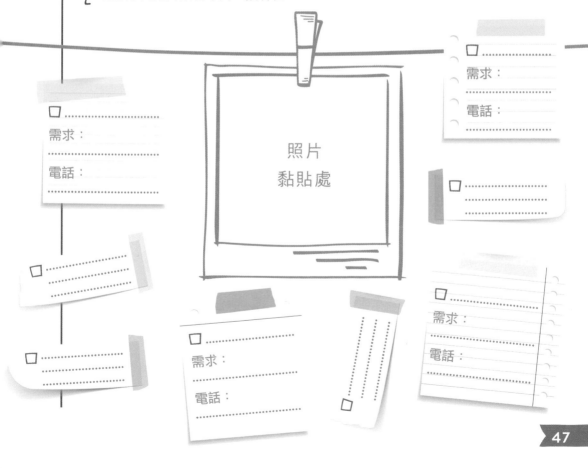

需求:

電話:

照片
黏貼處

需求:

電話:

需求:

電話:

需求:

電話:

心平靜氣享受當下

「他是個焦慮的孩子，一點點改變都會干擾到他。」

自信心的兩個支柱：穩定與可靠

自信心是感覺到內心的安全感。與親人關係緊密，熟悉自己的優點，相信自己有能力對抗各種情況，這些事情交織起我們的自信心。此外，還有一些具體的外在支撐點，例如清楚傳達的家規和穩定的生活環境，也都是讓孩子幸福安康的基礎。

慣例與儀式

慣例是可以預見而且不斷重複的事件，每天依照同樣的順序反覆發生，像是起床、穿衣服、寫功課。慣例會隨著孩子的年紀改變，建構起孩子的日常作息表，支撐他的身體發育及人際關係的發展，**並幫助孩子獲取自主能力**。父母可以為這些需要養成的習慣補充一些話，讓這些慣例有意義：「刷完牙後，舌頭滑過去的時候，可以感覺到牙齒很光滑，很舒服啊！」

儀式對孩子的內在安全感也很重要，它與孩子的個性、家庭價值觀有關，比慣例更加個人化。有些家庭會大家一起看書，有些家庭會一起唱歌，也有一些是祖父母週日會過來一起吃午餐。有些家庭的爸爸比媽媽還喜歡抱抱，或相反。無論如何，最重要的是時常體驗親子共享的時刻。

認證一個安全網

因為焦慮而哭哭啼啼，或是一點改變就鬧肚子的孩子，缺乏上述慣例或儀式的引導「路標」。總之，他還沒有能力一個人盤點具體、真實的固定點，這些固定點會形成他的安全網，讓他可以安心生活。在重新思考慣例及儀式之後，如果有需要，我們可以建議他每天去散步，讓他知道自己的生活裡，圍繞著許許多多保護他的「路標」。在你的引導之下，由他來指名這些路標，以便加強記憶。

酷！我有自己的道路

讓孩子自己表達讓他感覺安全的事物。

目標：讓孩子牢牢記住這些安全的「路標」。

如何進行：

1　在第 50 頁的路徑上，和孩子一起選擇一條參考路線，也就是他從家裡 A 到地點 B 之間最常走的那條路，地點 B 可能是保姆家、爺爺奶奶家、學校等。

2　請孩子描述或是畫出他在路上看見的定點：麵包店、街樹、噴水池、公園、可以摸的狗……

3　問他哪些是他最心愛的定點，愛他的人是哪些，還有他能信賴哪些人。雖然他沒有看見他們，但就好像這些人總是陪在他身邊，所以他也能把他們畫在路徑上：爸爸、媽媽、爺爺、奶奶、朋友、保姆、臨時保姆……

4　請孩子走一遍這條路，重新感受其中的喜悅。他可以經常在自己的腦海中走這條路，以便更容易回想起所有他記下來的定點。

5　結束之前，孩子可以在路徑旁邊記下三個他最喜歡，並且讓他覺得很舒服的習慣：早上和爸爸抱抱，回家時摸摸狗，晚上和媽媽一起玩……

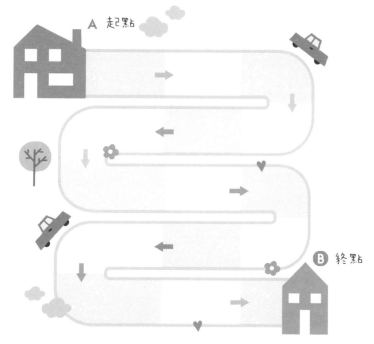

A 起點

B 終點

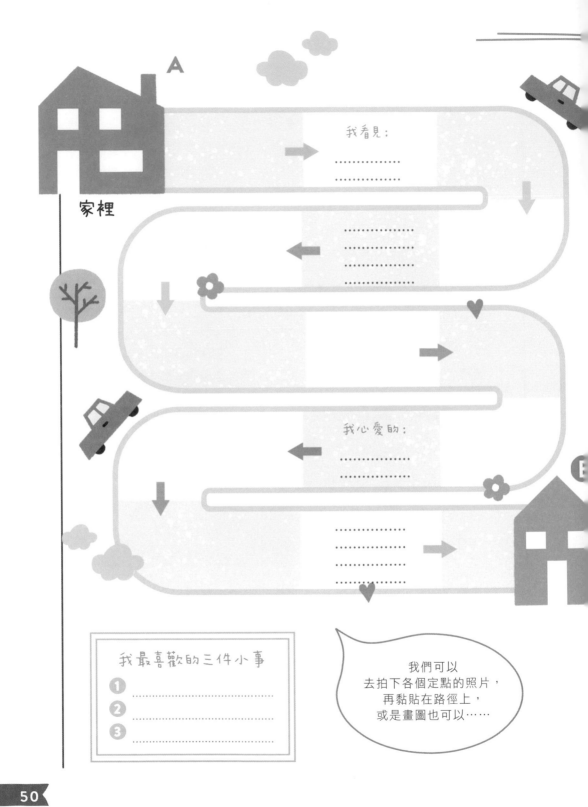

A

家裡

我看見：

....
....

....
....

我心愛的：

....
....

....
....
....

我最喜歡的三件小事

① ....
② ....
③ ....

我們可以
去拍下各個定點的照片，
再黏貼在路徑上，
或是畫圖也可以……

控制憤怒

「他又打架了，我真是受夠了！」

避免貼標籤！

孩子有暴力傾向，這個狀況令人擔心也令人害怕，是有道理的。它是個風險因素，不只會傷害自己和其他人，也會引發社會的排斥。提到孩子的暴力傾向時，我們很難保持平常心。有時候甚至連我們都想來硬的，只想解決當下的狀況，而不去深究背後的原因。

事實上，暴力傾向經常是孩子找到的唯一辦法，來回應另一種形式更陰險的暴力，像是侮辱、挑釁、推撞。因為孩子缺少有效回應或忽視對方的自信心，他在情急之下做出反應，還沒有處理好自己的情緒。

一再出現的暴力傾向，會像一張標籤黏在孩子身上。無論如何，**我們都應該專注於談論孩子的暴力行為，而不是「孩子有暴力傾向」**，而且務必要用旁觀者的角度來矯正這種表達方式。

該如何反應？

情急之下依然要保持冷靜，提議和孩子以及／或其他當事人一起分析狀況。同樣地，要維持客觀，告訴孩子你譴責他的行為，可是你愛他，而且永遠都會愛他。讓孩子去想像其他解決辦法。建議他做一些放鬆的活動，或是柔道那種教人自制的運動。

建議他一起思考，想像身邊有一個裝置，可以幫他擋下或是減輕針對他的負面訊息。就算他看起來好像在擔心你的腦袋正不正常，也很懷疑這個做法有沒有效果，都要告訴他你很開心和他一起嘗試，共度時光。

憤怒的不同面向

憤怒是一種警告其他人的情緒，告訴他們「小心喔，你越線了，而且我已經準備好要戰鬥，悍衛我的理念或我的領土」。可是憤怒的背後，經常隱藏著另一種在眾人面前比較難以承擔的情緒，像是恐懼或悲傷。

防衛披風

目標：幫助孩子保護自己不受負面訊息影響。

如何進行：

1 回答以下披風周圍的問題，在披風上，寫下最能有效減輕負面訊息衝擊的言論和態度。

2 盡興去玩！你們笑得越大聲，想法越可笑，效果就越好，因為恐懼和各種感觸都會因此「消氣」。

3 試驗看看：試試每個動作和訊息的效果。幫助孩子想像自己身上披著這件隱形披風，它的力量就是推開負面訊息。

4 建議孩子每天早上上學前，重新靠想像模擬這個經驗。

❶ 什麼是斥退負面訊息最有效的動作？

• 用手推開，在臉前面交叉雙臂
• 閉上眼睛，轉過身
• 凝視地平線的一個點，盯著手錶或腳

....
....

❷ 什麼是回應負面訊息最好的答案？

• 「我要去跟我的小馬說*」
• 「喔，是嗎？就這樣？」
• 「真是沒想像力」
• 「啦啦啦啦啦啦」

....
....

❸ 什麼想法對避免一觸即發最有幫助？

• 「善念是無敵的」
• 「我知道我可以抵抗」
• 「我也有真正的朋友」
• 「我熱愛人生」

....
....

*意思是「我才不在乎」。

學習愛自己

「只要我一稱讚她，她就不知如何是好，她會躲起來，臉紅，還會逃走。如果我們身邊有人的話更糟，哪怕那個人是熟人。」

承認自己的才能不是自滿

有這種反應的孩子也可能會說「我不配」，或是「我只是運氣好」、「幸好我有朋友幫忙，不然我一定辦不到……」。我們看得見他有謙遜、虛心、優異的分析能力，可是把每個成就歸功於外在形勢，有旁人在場就推讓褒獎，等於是在模糊自我形象，在擦抹它、削弱它。

我們經常混淆吹噓和自信。一個宣稱「我是地球上最棒的小提琴家」的音樂家，絕對是在說大話。這個狂妄的宣言透露出這個人驕傲自大，目空一切。說「我是大家公認的優秀小提琴家」，並且在掌聲下開心微笑的人，會讓藝術去豐富自己平衡的心靈，而且極有可能在面對其他演奏者時，一樣會出言誇讚。

喜愛他人就像喜愛自己

範例裡的那個孩子，可能只是不曉得該如何收下讚美而已。我們可以建議她笑一笑來代替道謝，藉以幫助她收下讚美。

也有可能是她不欣賞自己，看輕了自己。

愛自己是愛他人的先決條件：我們只能給別人我們擁有的。孩子必須體驗到被愛的感覺，意識到自己是別人關愛的對象。要做到這點，有什麼比至親的愛更好的呢？

對了，你呢？喜歡人家讚美你嗎？

愛的鏡子

回想起那個讓你覺得自己是世界上最美好的人的人，還有那個人對你說過的話。

目標：透過親人的愛，美化孩子對自己的形象。

如何進行：

1 扮演以下的角色。

2 放開自己，不要隱藏任何情緒！

> **故事背景：**麥馬克是電影導演，他打算描繪一個孩子。為了寫他的劇本，他需要證人來為他描寫這個孩子，尤其是世上最愛這個孩子，而且能說出這孩子所有才能的人。

這個人是誰？

....

....

孩子要如何「以充滿愛意的眼神」來描述這個人？

....

....

....

....

證人要如何「以充滿愛意的眼神」描述孩子？

....

....

....

....

接受批評

「他受不了任何批評，只要他無法在限定時間內做完某件事，就會立刻開始哭，不論在家裡還是學校都這樣。」

將批評視為失敗

孩子為了滿足自己需要關注的大胃口，可能會規定自己動作要迅速，行事要完美。在他心中，這些準則會讓他值得獲取他所渴望的認可。他感覺自己不完美，所以需要花時間去精心完成人家交代他的行動，又因為他認為成果永遠不夠好，所以成為完美主義者。他經常自找罪受，因為他得到的都是反效果，跟期待的不一樣。他在意細節，結果拖慢了速度，招人注意，或是他害怕別人注意到他沒做到。他慎重其事，反而透露出自信心微弱，對這樣的孩子來說，批評簡直是極刑。這種雙重的痛苦會害他鬱鬱寡歡。

管理情緒有困難

他無法理解這麼不公平的情況。他被自己無法管理的情緒淹沒了，可能會難過，會放棄，或者發脾氣，一氣惱就把沒寫完的功課丟掉，結果把別人的目光都吸引到他的暴躁上面。他會視自己為受害者，而且如果這個劇情一再重演，他會認為自己這麼努力，而全世界的人還要因為一些荒謬透頂的理由責怪他。

孩子的情緒暴走時，會有一段時間無法退一步想，他可能會拒絕所有朝他伸過來的援手。但是，忙還是得幫……而且要告訴他我們愛他。不要強行擁他入懷，可以畫一顆愛心在紙條上，再偷偷塞進他的房門，或是傳給他一個感動的表情符號。陪在孩子身旁，不過要有分寸。

等他發作完，要忘記這件事。如果馬上就拿出來討論，會害他難為情。晚一點再說吧。

> 這個活動如果跟
> 「辨識情緒」（第 21 頁）、
> 「能夠正面談論自己」（第 24 頁）以及
> 「召集有幫助的資源」（第 28 頁）搭配，
> 效應會更大。

大災難劇碼

目標：用荒謬來襯托，事情就不再那麼戲劇化了。

如何進行：我們這次要找的不是讓孩子安心的事物，而是要把孩子在窘迫狀況的恐懼推到極限，和他一起編造最糟糕透頂的情節。幽默感是這個遊戲的引擎，想像的後果要誇張不實，讓整件事變得很好笑。

1 選一個孩子心情平靜、放鬆的時刻。

2 一同扮演遭受批評的人，想像各種瘋狂到令人失色的後果。

3 接下來再看實際遭受批評的後果。

4 緊緊相擁！

例子	我想像最糟的情況
我在背誦一首詩，結果忘記最後一句。	• 地板裂了一個洞，把我吞下去。 • 我被戴了一頂驢帽子。 • 我變身成一隻小豬。 • 全班哄堂大笑。 • 我得喝下一公升苦澀的增強記憶藥水。 • 我的額頭被刻上「記性差」三個字。
我遭受批評	可能真的會發生的事
我明天還得再背誦一次。	• 根本沒人在乎！ • 我的朋友都很同情我。 • 我還是拿到了好成績。

促進孩子的自主能力

「聯絡簿上每天都會有給我的留言，說我家小孩老是搞不清楚課程內容和作業，總是忘記帶課本或鉛筆盒……他欠缺自主能力，要他負起責任根本不可能。」

要增進自信心，就要培養責任心

我們對不夠自主的年幼孩子大發脾氣，卻又在他們變得有自主能力之後，哭著看他們離開。促進孩子的自信心以及培養自主能力，相輔而行。孩子還很小的時候，我們就可以把他做得到的事情交給他，例如把鞋子收好，把麵包放到桌上……跟他解釋怎麼做之後，就要完全讓他自己搞定，避免因為「動作不夠快」，幫他完成未竟的工作。讓他承擔責任，等於隱約告訴他，**我們對他有信心，我們認可他有能力做我們要求的事**。每件完成的任務，都會加強他的自信心。有時候事情進行得不夠快，壓力會升高，我們對孩子沒做完的事窮追猛打，把壓力傳給因為命令太多而暈頭轉向的孩子。

務必避免同時要他做太多事，而且指令一定要清楚

確定孩子有能力做你要求的事。孩子有自己的節奏，而且他們的年齡不一定是唯一要考慮的指標。避免做出太多要求。

花一至兩週的時間，留心一、兩件真的讓你很生氣，而且孩子一定要學會怎麼做好的行為。明確定義你想要什麼，不是你不想要什麼，再一起寫在「動機表」上面。這個表格會幫助孩子更加明白你對他的期待。要陪伴他進步，與其每天一再說他沒做哪些事，不如稱讚他做了什麼事，會加倍有效，壓力也不會那麼大……

星星表

你的要求裡不該有否定字眼！

目標： 促進孩子的自主能力。

如何進行：

1 選擇一或兩個行為。

2 用肯定的字眼明確描述這些行為。

3 確認孩子都懂了。

4 每次完成一個行為，就可以贏得一顆星星。

5 一旦集滿三或五或十顆星星，孩子就可以贏得一個「感情上」的獎勵，像是一起玩個遊戲，晚上多聽一個故事，星期日可以點菜……

6 一直做到孩子學會這個能力。在這段時間，要鼓勵孩子的努力，為他的成功鼓掌，遺漏的事情就不必提了。

說法範例

讓你生氣的事	提議說法	禁止說法
他不停離開餐桌。	我要你用餐時間都留在餐桌旁，而且你要先問我你可不可以離開。	從現在開始，我不准你在用餐時間結束之前離開。
他到處亂丟東西。	我要你每天晚餐之前，把髒衣服丟進浴室的洗衣籃裡。	我不要再看到你亂丟東西，聽清楚了沒？
早上遲到。	我要你每天晚上睡覺之前，把明天要穿的衣服準備好，放在椅子上，而且確認書包裡的東西。	你真的很會拖耶！我受夠了！你動作快一點啦！

每次都要詳細說明行為的內容、地點、時間點、怎麼做。

行為一： ....

星期一	星期二	星期三	星期四	星期五	星期六	星期日

總結：...

行為二： ....

星期一	星期二	星期三	星期四	星期五	星期六	星期日

總結：...

製作一張精美的大型星星表，張貼起來，讓孩子引以為傲。

為孩子打造防護罩

「我在家裡走到哪裡，她就跟到哪裡，老是要跟我做一樣的事，而且每次都需要我誇她做得好。」

體驗安全感

培養自信心所需的材料之一，就是安全感。

對孩子來說，安全感首先來自**透過父母充滿愛意的動作，讓他深信父母愛他**。另外也來自於生活環境的穩定：我們告訴小嬰兒我們要去哪裡；如果我們有事要離開，會把他留給誰。他雖然不明白話中的意思，卻會吸收到你的柔聲解釋傳達出來的安詳。

之後，讓生活中的規定盡可能穩定不變，持續實行，這是很重要的事：跟孩子提一提家庭行事曆，訂立上學前、洗澡、晚餐、睡覺……等等的儀式。

心中只要夠平靜，就可以一個人向前進

與父母的關係還有生活環境背景良好，都可以促進孩子內在的安全感。某些孩子小小年紀，就已經比較容易放開父母親的手，去探索世界。他們既平和又積極，能夠自己待著玩玩具一段時間。對其他孩子來說，這會需要花一點時間。他們還需要不斷的陪伴，比較難自動自發，總是在看其他人的眼色，尋求准許。要讓孩子獲得更大的安全感，除了父母充滿感情的動作，一點小小的幫助是必要的：提議孩子列出哪些事物帶給他精力，哪些讓他感覺幸福，這些事物會出現在他想像的「繭」裡面，形成一個讓他歡喜、平靜的地方。視覺、聽覺、嗅覺、觸覺，孩子的感官都會集中在帶來平靜和歡樂的事物上，進而構成真正的「防護罩」。

我的防護罩

目標：幫助孩子打造他的防護罩和幸福感受。

如何進行：

材料：你們可以使用旅遊書、明信片、雜誌、剪刀、香料瓶和／或香水瓶、收音機、MP3……可是一張紙和色筆也綽綽有餘。

1 邀請孩子想像一個他會感覺很舒服、放鬆、讓他微笑的地方，這個地方集合了所有他喜歡的東西。讓孩子自發性表達。

2 無論這個地方是真實存在，還是想像出來的，幫助孩子仔細描繪這個地方，明確說出他看見的、他聽見的、他感覺到的：
* 裝飾品、色彩、今天的天氣。
* 味道、噪音、音樂。
* 材質、布料。
* 在場的人，他們在做什麼，他們說什麼話。

* 想法、感受。

3 做筆記，提議孩子畫圖。

4 一旦完成這個地方的描述，叫孩子找個位置舒服的坐下來，慢慢閱讀，滿足的舒歎一口氣。

5 請他敘述自己所有的幸福感受。他的呼吸變得悠長，他的心緩緩跳著，他的肚子也靜下來，他感到心平氣和。

> 接下來幾天，
> 再描述一次防護罩給他聽，
> 請他記起這個地方，
> 而且要經常回憶。

 可以支援思考的字眼

大自然、大海、沙灘、藍色、綠色、壁爐、白雪、扶手椅、森林、樹木、花朵、黃色、橘色、風、雨、太陽、香氣、羊毛、柔軟、熱、毛皮……表兄弟姐妹、祖父母、兄弟姊妹、朋友……

平靜、孤寂、愛、笑、夢、喜悅、擁抱、想像、尊重、公正、自由……

書、玩具、散步、汽球、滑板車、盪鞦韆、歌曲、音樂、蛋糕、動物……

我的防護罩

（由你自己來畫你的防護罩）

想像成功

「他的成績在下滑，可是他看起來毫不在乎；當我問他將來要做什麼，他只是認命的聳聳肩。」

區分孩子與學生

課業壓力對家庭來說很重，因為「沒有學歷＝未來沒有工作」這個方程式壓在他們的肩膀上。**學識變成測量一個人價值的參考**，所以必須抑制不合常規、踰矩的性格。這個方程式可能是導致孩子放棄，逆來順受，喪失動力的一個因素。

孩子遠不只是學生，而且這世界的根本原理還有他們的道德觀，都是父母教給他們的。孩子必須信任自己的優點和他們的人生導師才對。

減輕壓力

我們每個人多少都察覺到，遭受包圍著我們的制度的影響。對成績的擔憂可能會變質，製造出一種家庭傳染病。我們千萬要記得保持距離，從比較高、比較遠的地方觀察孩子的整體情況，而不被特定的問題淹沒。這個位置，可以讓我們陪伴遇上困難的孩子，激勵他們，卻不多加壓力。

你愛這個孩子，因為他很逗趣，好奇心旺盛，而且待人熱情，你總是因為他很容易和別人打成一片而驚奇。別讓成績喧賓奪主，那些分數只能描述一部分的他而已。盤點他的優點及能力吧！

集氣

情感是成功的培養土：有個懂得鼓勵別人的熱情親人可以依靠，是很重要的事。經常告訴孩子你很愛他，說你相信他，提醒他擁有的才華，把他寫進家譜裡。

集氣這個方法特別適用於運動，因為身體的鍛鍊與心靈的鍛鍊，一直都息息相關。

像個冠軍

目標：達到目標。　　　　　　　　　　如何進行：參考以下的範例。

一般原則	範例
我的目標： 做這件事全看我的意思／它在我的能力範圍內。 我用肯定的字眼來表達這件事，如「我要做到」，而不是「我不要失敗」。 我知道我需要什麼來辦到這件事。	我想在課堂上心平靜氣的背誦課文。 我需要放鬆／老師問我問題的時候保持冷靜。
我按步就班，列出細節。	我挑選一個放鬆的姿勢，每天至少做五分鐘（見第 67 頁）。 說明我的心理準備： • 上學途中，我想像自己在老師問完問題之後微笑。 • 我坐在教室的座位上，回想我的力量和優點。為了更容易記起來，我可以找一個視覺標記，如畫在課本裡的圖、我放在課桌上的一樣東西，或只是握緊拳頭就好。 • 在回答老師的問題以前，我對自己默誦鼓勵的話。 我和大人或哥哥一起在家練習這些步驟。 當然我也會複習我的功課！

我加入的心理準備

• **鼓勵的話**：想一個成功的情況，以及對我有所幫助的話。在每次挑戰之前都要對自己覆誦。
• **成功的想像**：我想像挑戰之後的情形，我成功了。我已經感覺到成功的喜悅了。

我的目標：..

要達到目標，我需要：..

達到目標的步驟：..

鼓勵的話：..

駕馭壓力

「他最愛說的話是『不公平！』，而且他說的時候是用吼的，還跺腳。」

壓力阻礙我們換個想法

壓力不是一種情緒，而是想著我們會失敗，錯估自己的成功能力。於是我們會把情況一概描述成「不公平」，因為我們無法想像可以換一種方法達到目標，而是用暴躁，或製造噪音，有時是咆哮，來取代說話、發問、情緒的表露。此外，大家都知道，跺腳跟吼叫正好會讓疲勞或神經緊繃的父母崩潰！孩子再一次透過錯誤的方法來取得注意力。

我們先前已經說過身心相連：呵護其一，就是呵護其二。因此，要降低這種行為的頻率，管理壓力，有些簡單、不花時間的放鬆技巧，只要盡可能規律實行，對人人都有益，無論是孩子或爸媽！

活動　放～輕鬆！

只要想做都可以做，可以一個人或是大家一起來。

目標：管理壓力，找回可以讓人有效面對困難的從容態度。

如何進行：

1　準備舒適的服裝，找一個舒服的地方，小聲播放輕柔的音樂作為背景音。不要選孩子最喜歡的音樂，要挑大自然的聲音。

2　試試每個體式，每次做二或三個，甚至更多。

3　每個體式需要三至四次深呼吸的時間。

4　把這些體式貼在家中一個特定地點的牆上。

水母

我坐在舒服的扶手椅上，閉起眼睛，讓自己放輕鬆：我越來越軟，越來越軟，越來越軟，像一隻擱淺在沙子上的水母。

潛水

我躺下來，想像自己在水邊。我想看魚，於是戴上面鏡去賞魚。我戴上面鏡，憋住呼吸五秒鐘：我數一、二、三、四、五。接著我把頭浮出水面，我吐氣：五、四、三、二、一……

海浪

我躺在地上或床上，閉上眼睛。我呼氣和吸氣的時候，專注在我的腹部，讓它像海浪一樣波動。我可以想著真正的海浪、浪潮聲，還有它怎麼讓我的身體動起來，同時讓腹部跟著真正的海浪節奏波動。

貓

我四肢著地，想像自己是一隻貓，學牠把頭縮進脖子裡，弓起背，伸展四肢……我甚至可以打呼嚕！

從腳趾到耳朵

我可以站著或是躺下來，靜止不動，閉上眼睛，然後在心裡巡視我的身體。從腳趾一路上行至耳朵，同時說出每個行經部位的名稱，接著走另外一條路，一路下行到腳趾頭。

唱歌

找一個沒有人的地方，閉上眼睛，在腦海中哼唱或是聆聽我最喜歡的歌曲——就是讓我身心舒暢的那首。

我最棒的回憶

我閉上眼睛，深深吸氣、吐氣三次，接著在腦海中看著一幅幅我最喜歡的畫面經過：我最喜歡的地方、我最好的朋友、我最喜歡的動物或寵物、我最喜歡的甜點、最近一次捧腹大笑、最近一次得到的熱情擁抱。

抵抗別人的嘲笑

「她已經受不了學校同學的嘲笑了，她盡可能去抵抗它們，可是我很清楚，每天早上上學時她很緊繃，很暴躁。」

接受自己的不同

差異是生命的調味鹽巴。如果每個人長著一張同樣的臉，有同樣的能力、想法，那我們居住的世界一定無聊又麻木。**差異代表獨一無二，無可取代。**就是因為想法不一樣，有獨特的需求，才能打開創造的大門：我們為看不清楚的人發明眼鏡，為了載送還沒學會走路的嬰兒，發明娃娃車。大自然本身為了延續下去，需要我們去遠方尋找伴侶，以便強化我們的遺傳性，因為太多的相似性會減弱遺傳性。

差異是存在的，不可能否認它。可是紅頭髮或自然捲，比較矮或比較胖，成為其他孩子開不完的玩笑及嘲弄的目標時，都變成難以接納的特徵。

面對嘲笑要採取什麼態度？

反射性的直接回應，等於給嘲笑者一個優勢，他知道自己正中紅心。反唇相譏可能讓事態一發不可收拾；逃跑則顯示我們受傷了。

如果孩子遭受到不合理的批評，她首先需要的是聆聽者和擁抱。最好不要光是叫她「別在意，他們都是白痴」。反之，「翻轉」嘲笑，用比較高遠的角度去看待這件事很管用。你可以幫助孩子以平常心對待這件事，並透過對照，減輕嘲笑的嚴重程度，換個角度來看孩子的不同之處，如果可能的話，把這個不同之處變成她的長處。如果她感到自己並非一無是處，她的身體反應、面對嘲諷時的回話都會改變，最後還會讓嘲笑她的人不敢再嘗試。

正視欺凌

最年幼的孩子最弱勢，正是量身打造的受害者。如果這些事發生在學校，而且嘲笑惡化成騷擾，一定要讓孩子明白他可以求助大人介入。根據情況的嚴重程度，而且可能的話與孩子意見一致，我們必須通知校方，要求和其他家長見面。

小小記者

目標：

寫一篇針對該主題的新聞報導〈與眾不同是幸運的事嗎？〉，學會抵抗嘲笑和其他負面訊息。像專業記者那樣保持距離，專注在事實上，而不是情緒。

如何進行：

1 閱讀《好奇寶寶日報》，填寫報紙中的欄位。

2 問一個對照性的問題：「差異就是特異嗎？」並從歷史人物、孩子喜歡的漫畫英雄和明星找名人的靈感。

3 證人的「自白」，讓我們得以分析嘲笑者的性格，減弱他們帶來的衝擊。幫他們找一些可減輕罪行的情節，以便用另一種不帶輕視的眼光看他們：他們是誰？他們要什麼？我們可以一邊享受做自己的感覺，一邊做跟他們一樣的事嗎？

4 針對調查結果進行討論，加強從這個遊戲得來的經驗。

在寫報導的過程中一步步陪伴孩子。

主編：⋯⋯⋯⋯⋯⋯⋯⋯⋯⋯⋯⋯⋯⋯⋯⋯⋯⋯⋯⋯⋯⋯⋯⋯⋯⋯⋯⋯⋯⋯⋯⋯⋯⋯⋯⋯

好奇寶寶日報

與眾不同是件幸運的事！

研究、見證、問答，需要說服人的工具嗎？統統在這裡！

定義：⋯⋯⋯⋯⋯⋯⋯⋯⋯⋯⋯⋯⋯⋯⋯⋯⋯⋯⋯⋯⋯⋯⋯⋯⋯⋯⋯⋯⋯⋯⋯⋯⋯⋯⋯⋯⋯⋯⋯

‧差異：⋯⋯⋯⋯⋯⋯⋯⋯⋯⋯⋯⋯⋯⋯⋯⋯⋯⋯⋯⋯⋯⋯⋯⋯⋯⋯⋯⋯⋯⋯⋯⋯⋯⋯⋯⋯⋯⋯⋯

‧特異：⋯⋯⋯⋯⋯⋯⋯⋯⋯⋯⋯⋯⋯⋯⋯⋯⋯⋯⋯⋯⋯⋯⋯⋯⋯⋯⋯⋯⋯⋯⋯⋯⋯⋯⋯⋯⋯⋯⋯

接受自己與眾不同的名人：⋯⋯⋯⋯⋯⋯⋯⋯⋯⋯⋯⋯⋯⋯⋯⋯⋯⋯⋯⋯⋯⋯⋯⋯⋯⋯⋯

戴著面具的(前)嘲笑者的自白：

「我小的時候常常嘲笑身邊的人，因為我們家就是這樣。我們從來不稱讚別人，老是開一些刺耳的玩笑，不然就是說難聽又傷人的話。我爸說：「我是在磨練你們！」而且不准我們哭！所以我們就報復在別人身上，尤其是那些看起來家庭美滿的人。嘲笑別人能給我一點點處置別人的力量，可以毫無理由傷害他們一頓，可以稱霸這一帶，帶領一群沒個性的跟班……今天我很後悔，所以我教孩子要尊重別人……」

從這段自白中，我們可以學到許多嘲笑者的性格。聽起來我們似乎應該同情他們，而不是責怪他們？
您的看法是什麼呢？
碰到有人嘲笑您的時候，您會對自己說什麼話呢？

問卷調查	應該是對的	應該是錯的
我們全都不一樣。		
差異使我們獨一無二。		
不一樣的人可以帶來新意。		
世界上百分之二的人有紅頭髮。		
嘲笑別人的人都很快樂。		
接受自己的差異，就是堅強的人。		
我們只能愛跟自己相像的人。		
嘲笑別人的人要坐牢。		

感謝您將答案寄回報社

在群體中表達自己的主張

「我覺得他好像不懂得說不，跟著朋友去做壞事。上個禮拜管理員抓到他們
正在按公寓裡每個老人住戶的門鈴，然後對他們說髒話。」

吸引人的慫恿

要抵抗別人的好點子及壞點子，不是件容易的事。我們怕被當成膽小鬼或叛徒，而且如果拒絕眾人或領袖的提議，就會失去朋友，他們甚至會糾集其他人來反對我們。我們不願見到自己被排擠，因此寧可小看那個行為後果的嚴重性……何況這些行為有時候還挺有趣的！就算我們人人在那個年紀，也做過同樣或更糟糕的事，但還是不可能接受這類行為！並非因為事態的嚴重性，這點相較之下只是小事，而是因為它所暗藏的訊息。我們第一件要做的事就是講清楚，說明白，**設下底線**，當然同時也要批駁這個行為，但不是批評孩子。要說：「你們玩的這個遊戲很惡劣，而且笨死了。」千萬不要說：「你這孩子真惡劣，笨死了。」我們不

是因為做壞事，所以成了壞小孩。一概而論，變成貼在孩子額頭上的標籤時，百害無利。想個具教育性的懲罰，好比要求孩子去跟受害者及管理員道歉。

說「不」的力量

接下來要區別兩件事：孩子發明這種惡作劇的天生能力，他到底像誰？以及他無能推拒外來要求，即難以表達自己的主張。讓孩子勇敢說不是可行的，甚至是必要的。我們可以培養孩子拒絕參與惡作劇又不會引發後果的創造力，還能讓孩子在未來拒絕抽菸、喝酒，或任何其他更危險的提議。

像狐狸一樣鬼計多端

多人一起玩的話可以組隊，讓這個活動變得更有趣、更熱鬧。
邀請朋友來玩吧！

目標：判別不同的策略，以抵擋來自同學的壓力。

如何進行：

1 目的是說服他人吃糖果或是抵抗誘惑。

2 每個人或每一隊，必須在第 73 頁的表格裡面找到自己的論點。

下方附有小抄喔。

3 一起試驗解決辦法。

4 預備一包糖果，然後統統吃掉！

提示小抄

說服人的理由	抵抗的理由
這是我的命令！	不用了，謝謝！真的不用了，謝謝。
有了這個，我們就不用怕了。	對不起，我不喜歡吃這個。
好吃，很美味。	我會蛀牙，那太痛了。
糖果會在口中化開，好好吃喔。	我會過敏！
聞聞看這個！	我們來聊聊下一部要看的電影好了？
試試新的口味！	不好意思，我要去找……
你吃的話我不會告訴別人。	我又不是每個人！
每個人都這樣啊。	我不能吃，我的長頸鹿說不行。
行行好嘛！	我不吃糖一樣可以對你好。你看，我可以請你去……
如果你不吃，我就不當你是朋友了。	如果只是這樣你就不跟我做朋友的話，那……
你怕什麼啊？	我要先跟……說一下。

跟狐狸一樣鬼計多端

我的理由	A 組 我得說服 B 組吃糖果	B 組 我得抵擋糖果的誘惑
合理的		
幽默的		
天馬行空的		
惡意的		

鍛鍊身體語言

「雖然我一直跟他說要挺胸，直直看著前方，我還是常常看到他駝著背、低著頭去上學，好像全世界的重擔都落在他的肩膀上似的。」

非語言溝通

　　語言溝通，指的是藉由說出來的言語、字句來交流。副語言溝通，包括音調的尖銳或低沉、節奏的快慢、聲音明亮還是會打顫。**非語言溝通，則是透過身體、手勢和姿勢。**我們不曾正式學過，卻能從對方的行為認出他是悲傷、害怕還是生氣。有時候我們會跟自己唱反調，嘴巴說「我很喜歡這個禮物」，可是眉頭深鎖或下巴緊繃，很明顯就是在說反話。

　　這跟自信心是同一回事。如果有自信心，我們會抬頭挺胸，肩膀是打開的，眼睛直視前方。我們的音量夠大，聲音堅決，這樣別人才聽得清楚。我們如果自信心薄弱，就會縮肩駝背，低頭盯著自己的腳。我們講話的聲音小得跟蚊子一樣，或是任由情感流瀉，因此聲音比較尖銳，話速也比較快。

如果希望感覺到喜悅，就微笑吧！

　　身體姿態會說出一個人的內心狀態。我們思考的時候會歪著頭，手扶額頭，我們會下意識交叉雙臂來保護自己。

　　但我們今天知道反之亦然：**換一個身體姿態會改變內心的感受。**如果我希望感覺到喜悅，可以訓練自己一天微笑多次，特別是沒人在看的時候，我也可以抬頭挺胸。讓孩子扮演不同的角色，感受這些差別，可以每天慢慢引導他採用有自信的身體姿態。

嘗試演戲

一般會建議沒辦法當眾發言的孩子去參加課程。你們也可以在家裡玩遊戲，模仿孩子最愛的英雄的姿態，或是看英雄的影片，可是不要打開音響。讓孩子知道，我們可以用身體表達很多事情。

你最喜歡的身體姿態是哪一種？

目標：孩子兼具自信與風采。

如何進行：

1 和孩子一起看下面的圖表，它指出不同類型的語言，以及對溝通的影響。

2 為三個角色準備一場試鏡。

3 從站立、移動和說話方式，辨識出每個角色的特徵。描述每個角色的內在感覺。

這是亞伯特‧梅拉比安（Albert Mehrabian）在一九六七年所做的研究。圖表顯示出，為對方造成的衝擊越大的語言方式，我們越難掌控。他特別指出，我們若要傳遞正面的訊息，就必須好好留意這三種溝通的語言方式。

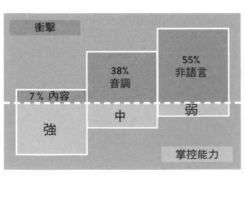

我的角色	我的姿態	我的動作	我的聲音	我的感受
❶掉了皮包的人	我很慌張，像無頭蒼蠅那樣動個不停。	我胡亂比手畫腳。	尖銳、快速。	我的心跳很快，同時感到生氣和悲傷，不知如何是好。
❷售貨員	我面帶微笑，觀察，主動接近人。	我張開雙臂，做出「歡迎」且開放的姿勢。	很輕快，甚至很快樂。	我保持警覺，我的心跳比平常跳得要快一點。
❸電視新聞記者	我坐著，直視攝影機，雙手放在播報臺上。	我搭配手臂、手來播報新聞。	我讓我的聲音根據新聞內容，時而悲傷時而開心，或不帶感情。	我腦袋清楚而且專注，我掌控狀況。

Ч 分析你們對每個人物的感覺。你們對他們每個人各有什麼感想呢？

❶ ....
....
....
....

❷ ....
....
....
....

❸ ....
....
....
....

故事時間：
一起聽、一起讀、一起幻想
不可思議的動物園

在一座小小的動物園裡，住著一群快樂的動物。負責照顧牠們的獸醫相當熱愛動物。每天晚上，獸醫在坐上坑坑疤疤的老爺車，回家和家人團聚之前，會過去和動物們打聲招呼，再三訴說他有多麼高興、多麼驕傲能與牠們為伍。

有天晚上，一輛卡車橫衝直撞，把獸醫的老爺車撞得稀巴爛，屍骨無存，可憐的獸醫全身骨折，住進醫院裡。老爺車報銷了，獸醫必須休養好幾個月才可以走路。幫他代班的獸醫每天都會寄照片給他，告訴他動物的消息……可是他的憂慮依然與日俱增……直到某個晴朗的早上，獸醫終於忍不住了，叫來一輛計程車，載他去見朋友。

行動不便的獸醫包著石膏，拄著拐杖。他拉開門的時候，那聲音聽起來簡直響徹雲霄！

因為四下鴉雀無聲……不對，是安靜得可怕、反常！沒有吼叫！沒有嗚咽……獸醫非常焦慮，一跛一跛的往園內走去，氣喘吁吁……

動物們都在，全都在那裡，只是……大象變得又乾又瘦，一臉灰敗，

獅子掉了大半的鬃毛，猴子不跳了，孔雀也不發聲了……這畫面多麼令人心碎啊！

獸醫盡快趕向他的朋友們，問牠們是不是生病了，心裡已經開始詛咒那個代班的獸醫了……

「噫～」大象鳴叫，「你不在的時候，我常常盯著獅子看，看呀看的，就覺得自己真是醜，耳朵那麼大，皮膚那麼皺，身體又笨重，可是獅子牠氣宇非凡，還能騰躍，濃密的鬃毛在頭四周飛揚……我失去生活的興趣，也不吃東西，所以才瘦成這樣……」

「吼～」獅子怒吼，「你不在的時候，我都在欣賞孔雀豔麗的尾巴，好像鑲了成千上百顆寶石那樣閃亮，牠踏著驕傲的步伐直直走著，我覺得自己好可笑，黃色鬃毛髒兮兮的，像被太陽烤焦的稻草一樣乾枯……我越想越悲傷，就試著走進刺槐裡，讓那些刺幫我把毛扯下來……」

「呀～」孔雀低語，「你不在的時候，我聽著熱帶暴風雨般的獅吼，如一百支喇叭齊奏的象鳴。我為自己鼻音

很重的叫聲感到丟臉，只好躲進山洞裡面，結果得了感冒，現在發不出聲音了……」

「吱～」猴子皺著一張臉，「你不在的時候，我試著重做一遍我們一起做過的把戲。我學你丟球、砍柴，可是我永遠也沒辦法像你那麼靈活，所以我乾脆坐下來，再也沒有移動過……」

突然間，獸醫聽見從動物園深處傳來興高采烈的吠叫聲。他看見一隻小狗朝他奔馳而來，撲進他的懷裡，舔遍他的臉……

看見小狗的尾巴像發了瘋的節拍器那樣擺動不停，如此樂不可支，獸醫吃了一驚，問小狗：為什麼你這麼開心，牠們卻都這麼難過？

「汪～」小狗汪汪叫，「你不在的時候，我也開始跟這個比較，跟那個比較，覺得自己沒人家高大，沒人家漂亮，也沒人家跑得快……差一點得憂鬱症哪！然後我告訴自己很幸運，身邊圍繞著朋友，住在一座這麼棒的動物園裡，而且我活力充沛，聲音可以傳得很遠，我的嗅覺是我最忠實的盟友，而且我小小的身體讓我無孔不入，可以到處惡作劇！而且我的心中總是有一小撮跳動的光，告訴我你愛我啊！一想到這些我就很開心……好啦，要跟我玩嗎？」

雞會沉

賽先生的農場裡，有一對漂亮的鴨子情侶在池塘裡撲水。牠們的住處稍微遠離其他動物。母鴨的淺色羽毛上面有咖啡色斑點，公鴨小小的頭是綠色的，喙則是鮮黃色。有天晚上狗狂吠，賽先生趕跑一隻餓壞的狐狸，牠無法闖進農場來。可是隔天早上卻沒了鴨子的蹤影，只剩下幾根羽毛和一顆蛋。賽先生把鴨蛋輕輕放在一隻母雞的屁股下面，那隻母雞正在孵自己的蛋。賽先生隨後就忘了這件事。

過了一段時間，他發現一隻腳長蹼的小鴨在一群小雞中間散步，跟在母雞屁股後面左擺右晃，和他的小雞兄弟姊妹一起啄米。小雞們覺得牠有點古怪，竟然有綠色的頭和圓圓的嘴巴。

有天早上，池塘上來了一隻野鴨。野鴨不時把頭潛進水裡，戲水的姿態優美又輕盈，小鴨看得入迷，彷彿被催眠了一樣。小鴨靠近看起來很危險的池塘，說著：「我也要，我也想要游泳！」話一出口，就立刻被母雞尖銳的嘰嘰喳喳屏斥，被其他小雞嘲笑。雞才不會游泳呢！這隻綠頭小雞，真是個大傻瓜！

小鴨不理會母雞的警告，每天都靠在池塘邊，觀賞野鴨的水上芭蕾，聆聽野鴨的呱呱叫聲，這一切都緊緊揪著小

鴨的心。

賽先生經過的時候，發現小鴨在那裡，玩心一起，把小鴨推進水裡。小鴨吃了一驚，直直沉進水中，幸好賽先生及時在牠溺斃之前，把牠抓起來。小雞們咕咕咕咕叫個不停，嗓子都快啞了：「就跟你說過了嘛！雞會沉！雞會沉！」可是賽先生心知肚明，他的小鴨會游泳。他再次抓住小鴨遠遠一丟，丟進池塘中央，一邊說：「游啊！你是鴨子，你會游泳！」小鴨反射性的擺動牠長蹼的小腳丫，開始慢慢前進，然後越來越快，驕傲又優雅，離目瞪口呆的小雞越來越遠⋯⋯

我們每個人都有隱藏的才能⋯⋯有時候只要放膽去做，就會顯露出來。

改編自 《熱軟軟的溫馨故事》

(作者克羅德·史坦納)*

在一個遙遠的國家，住著一群快樂的人民。他們的腰帶上全都綁著一個袋子，裡頭裝著一些柔軟的小球，名叫「熱軟軟」，因為收到這些球的時候，會有熱熱軟軟的感覺。只要誰想要，就可以跟別人索取，別人就會送給他，就這麼簡單。「熱軟軟」代表了關愛以及正面關注。這故事裡的「熱軟軟」取之不盡，因此村裡的巫婆做不成生意，藥水都賣不出去。

她決定對一位耳根子特別軟的村民，散播謠言：「小心喔，要是你老婆隨便把『熱軟軟』送人，就沒你的份啦！」於是這位丈夫開始監視他的太太，他的太太監視他們的小孩⋯⋯很快的，每個人都在監視每個人，而且嫉妒彼此的「熱軟軟」。這下居民都變得很悲傷，火氣變得很大，雖然有巫婆的藥水，居民還是紛紛病死。結果巫婆的生意也沒有因此更興隆！

於是巫婆想出一個計謀。她向村民兜售一袋袋的「刺冷冷」。他們想送多少「刺冷冷」就能送多少，只是「刺冷冷」就如它們的名字，收到的時候，會有又冷又痛的感覺。村民繼續不計後果的服用巫婆的藥水。

可是柔珠靠著她那一袋享用不盡的「熱軟軟」而倖存下來，還把它們分送給所有想要的人！孩子們都很喜歡柔珠，因為孩子比大人更早明白，人類要從其他人的關注和關愛裡獲得滋養。如果沒有正面的關注，人類就會尋求雖然有害可是帶給他存在感的事物。

---

* *Le conte chaud et doux des chaudoudoux*, Claude Steiner.

教出自信心：
26 個練習，培養樂觀、自在、獨立的孩子，懂得與自己和他人共處

作　　　者　柯琳・豪里格（Dr. Corinne Roehrig）
插　　　畫　凡妮沙・侯畢杜（Vanessa Robidou）
譯　　　者　張喬玟
美術設計　呂德芬
編輯協力　吳佩芬
行銷企畫　林芳如
企畫統籌　駱漢琦
業務發行　邱紹溢
業務統籌　郭其彬
行銷統籌　何維民
責任編輯　張貝雯
副總編輯　何維民
總 編 輯　李亞南

國家圖書館出版品預行編目資料

教出自信心：26 個練習，培養樂觀、自在、獨立的孩子，
懂得與自己和他人共處／柯琳・豪里格（Dr. Corinne
Roehrig）著、凡妮沙・侯畢杜（Vanessa Robidou）
繪；張喬玟譯 . — 初版 . — 台北市：地平線文化出版・
漫遊者文化出版：大雁文化發行, 2019.9
80 面；17×23 公分
譯自 Aider son enfant à développer sa confiance en lui!
ISBN 978-986-96695-8-0（平裝）
1. 親職教育 2. 子女教育 3. 自信
528.2　　　　　　　　　　　　　　　　　108013676

發 行 人　蘇拾平
出　　　版　地平線文化 漫遊者文化事業股份有限公司
地　　　址　台北市松山區復興北路三三一號四樓
電　　　話　（02）27152022
傳　　　真　（02）27152021
讀者服務信箱　service@azothbooks.com
漫遊者臉書　www.facebook.com/azothbooks.read
劃撥帳號　50022001
戶　　　名　漫遊者文化事業股份有限公司

發　　　行　大雁文化事業股份有限公司
地　　　址　台北市松山區復興北路三三三號十一樓之四
初版一刷　2019 年 9 月
定　　　價　台幣 230 元
I S B N　978-986-96695-8-0
版權所有・翻印必究（Printed in Taiwan）